いのちとは何か
生きるとは何か

下村満子〔編著〕 Mitsuko Shimomura

現代の英知が人間の根源を見つめる

KKロングセラーズ

まえがき

私は、まだ小学生であった十歳くらいの少女時代から、道をトコトコ歩いているとき、ふっと、「あれ？　私、今、どこに向かって歩いているのだろう？」と考えることがよくありました。もちろん、学校や駅に向かって歩いているのはわかっているのですが、私の疑問はそういうことではなく、私の歩みの行き着く先はどこか、というもっと根源的な疑問でした。その瞬間、私はいつも、突然、真空地帯に入ったような状態になり、「ああ、私は今、一歩一歩、死に向かって歩いているのだ」とはっきり自覚し、何かこわいような、厳粛な気持ちになったものでした。

今思えば、変な少女だったのかなと思いますが、すでにこのころから、私は「生と死」というテーマと向き合うようになっていました。なぜそうなったのかは私にもよくわかりませんが、あるいは戦争中の私の幼児体験とも関係しているのかもしれませんし、仏教的に言えば因縁というか因果というか、生まれつきの性格なのでしょう。

いずれにせよ、以来今日まで、「生と死」は、一貫して私の人生の一大テーマとなっています。

学生時代もアメリカ留学中も、ジャーナリストになってからも、経営者になってからも、私の原点はいつも、「人は何のために生きるのか」「私たちはどこから来てどこに行くのか」といった根源の問題であり、世の中を現象面ではなく、人間の本質という観点からとらえ、考え、判断することを通してきました。

父の亡き後、母から懇願され、朝日新聞社を中途退社し、思いもかけず医療および食品検査など健康に関する事業の経営にたずさわることになりました。人さまの命と健康に直接かかわる仕事をすることになり、「生と死」「いのち」「こころとからだ」という課題は、一層身近なものとなり、私はそれを経営理念の中心に据《す》えました。

同時に、私の「人生の旅」も、すでに相当の長旅となり、その間のさまざまな試練や経験を通して、私のこころの鍛練も多少は進み、たとえ何があっても、「おかげさま」で、日々「感謝の気持ち」を持って過ごすことが、少しずつできるようになってきました。「生と死」は、何のことはない、コインの裏表みたいなもので、同じことだ、何も心配することもない、ということもわかってきました。もしかして、単に、トシを取った結果なのかもしれません。

でも、現代の日本社会を見ていると、正直、胸が痛くなります。親が子を殺し、子が親や祖父母を殺す。先生が生徒を、生徒が先生を殺す。子どもたち同士の殺し合い。子どもが大人を襲ったり殺したり。考えられないような残酷な事件ばかりです。殺す理由も、信じられないような些細なことばかりです。日本の少年犯罪は一貫して増加しています。少年は成人の八倍の割合で犯罪を起こします。検挙者の半分は少年です。それも年長少年ではなく年少少年です。どうしてこんなことになってしまったのでしょうか。

やっていいことと悪いこととの区別がつかない子どもや若者が多くなっています。いのちの大切さや人の痛みを理解できない人たちが増えています。何よりも、子どもを、次世代を育てる責任を負う大人自身が、そして悲しいことには、本来なら模範を示すべき立場にいる社会の各界のリーダーたちの多くが、生きるための基軸を持たず、保身と私利私欲で右往左往しているのが現状です。

世界第二の経済大国といわれ、物質的にはこれほど豊かな国になったにもかかわらず、それに反比例するように、人のこころはすさみ、貧しく、生きる喜びを失っているような気がします。

が、一方で、こころある人々は、充足感ある人間の生き方、生きる指針、生きる意味、こころの平安と幸せを求め、さまよっています。そのヒントを捜し求め、答えを渇望しています。

私が立ちあげた医療法人社団「こころとからだの元氣プラザ」では、肉体の健康のみならず、こころの健康に力を入れていますが、私どもの「こころとからだの相談室」に、こころの悩みや病で相談にみえる方の数は年々驚くほど増加しています。

そんなことで、二〇〇五年は、ちょうど私が理事長をつとめていた財団法人東京顕微鏡院が創立一一五周年、医療法人設立三年目を迎えた年で、何か世の中のためになる記念事業をと思い、前々から温めていた「いのちと生き方」をテーマにしたシンポジウムをやりたいと思い立ちました。

世界的な遺伝子・生命科学者で、遺伝子の研究を通していのちの大切さを説いておられる村上和雄筑波大学名誉教授と、医師としていのちと向き合い、最近では西洋医療と東洋医療（代替《だいたい》・補完医療）の統合こそ二十一世紀の医療だと訴えておられる渥美和彦東京大学医学部名誉教授が、まずこれに賛同してくださり、さらに仏教の考え方を基本理念に据えた経営と生き方を説き続けておられ、私が大変尊敬し経営の師と仰ぐ京セラの稲盛和夫名誉会長、国際的に著名な物理学者で、長年の友人でもあり、最愛の夫を亡くし自身も何度も死と向き合ってきた米沢富美子さん、算命学の大家で、人生の生き方をわかりやすく説いて若い女性たちから圧倒的な支持を得ている、これまた私の親友である中森じゅあんさんの四人に参加をお願いし、「いのちとは何か、生きるとは何か」のシンポジウムが実現しました。千数百人もの方々から参加申し込みがあり、対応しきれないほどでした。

改めて、現代人がいかに「生き方、生きる意味」といった人間としての根源の問題に悩み、迷い、答えやヒントを求めているかを痛感しました。現代は日本のみならず、世界全体が殺伐《さつばつ》とした荒廃と混迷の時代にいます。親も教師も職場の上司も、この問題について手を差しのべることができずにいます。大人自身が深い「迷い」のなかにいるのです。

そこで、より多くの方々にこのシンポジウムの内容とメッセージを伝え、輪を広げていきたいということから、本書の出版が計画されました。私が編著者になり、シンポジウムでの基調講演や発言を再構成し、一部加筆していただき、『ありがとう　おかげさま』というタイトルで単行本として二〇〇六年に出版いたしました。

おかげさまで、大変好評で、短期間で初版が完売となりました。が、その後、「読みたいけれど本が手に入らない」「どこで買えばいいのか」といった多くの方々からのご要望がありましたが、再版されることなく今日に至っており、残念に思っていました。

そんなとき、この本を高く評価して下さったＫＫロングセラーズの真船美保子社長から、「是非に」というお話があり、この度、装いを新たに、内容も一部加筆し、タイトルも、もともと私がこだわっていた「いのちとは何か、生きるとは何か」に変え、新刊として再出版されることになりました。この本を一人でも多くの方に読んでいただきたいと願っている私ども六人の著者にとっては、大変嬉しいことです。

本書が、人生、生き方を考える上で、少しでもお役に立てば、編著者として、これほどの喜びはありません。

編著者　下村　満子

いのちとは何か　生きるとは何か ● 目次

第1章

人生にも経営にも通じるいのちの生かし方

――稲盛和夫／いなもり・かずお

第2章

遺伝子を「オン」にしていのちを輝かす

——村上和雄／むらかみ・かずお

第3章

統合医療……伝統の知恵と近代医学の融合

――渥美和彦／あつみ・かずひこ

第4章 二十一世紀の物理学でいのちに迫る

――米沢富美子／よねざわ・ふみこ

第5章

人知を超えた宿命を生かし運命に学ぶ

――中森じゅあん／なかもり・じゅあん

第6章

いのちとは何か、生きるとは何か

――編著者　下村満子／しもむら・みつこ

終章

天が実体験で悟らせた「いのちとは何か、生きるとは何か」

——編著者 下村満子／しもむら・みつこ

第1章

人生にも経営にも通じる いのちの生かし方

稲盛和夫／いなもり・かずお

京セラ株式会社名誉会長。ＫＤＤＩ株式会社最高顧問。株式会社日本航空会長。鹿児島大学工学部卒。京都セラミック株式会社（現京セラ）、第二電電（現ＫＤＤＩ）を起業。１９８４年には稲盛財団を設立、国際賞である「京都賞」を創設。アンドリュー・カーネギー博愛賞、世界起業家賞などを受賞。『稲盛和夫の実学』『稲盛和夫の哲学』『生き方』など著書多数。

「生きる」ために必要な三つの管理

人生にも経営にも通じるいのちの生かし方――。これは、人生と経営の両面から、人間いかに日々を生きるべきかという問題のことです。

まず、人間が生きるうえで何が大切か。それには「体の管理」、「知の管理」そして「こころの管理」の三つの「管理」があると思います。この三つをしっかりと続けていけば、人はすばらしい人生を送っていけると、私は考えています。

まず、一つ目の「体の管理」が大切であることは、「健全なる精神は健全なる身体に宿る」という言葉でも明らかでしょう。

実際、私たちは、学校、職場、地域などで定期的な健康診断を受け、その診断結果にしたがって、治療を受けたり、食事に気をつけたり、運動をしたり、休養をとったりなど、自分の肉体を健全に維持するためにたいへん気を使っています。

ちなみに、現在、私たち日本人が健康管理に使っているお金も、ＧＤＰ（国内総生産）の中で相当大きな比重を占め、とくに病気治療のために医療関係に費やす財政的な支出は、膨大な金額に上り、さらに年々増え続けています。

また、二つ目の「知の管理」についても、現代人は関心が高いようです。義務教育から大学にいたる学校教育もさることながら、社会に出てからも、そして高齢になってからもなお、知的能力を向上させる努力を続ける風潮が強くなってきています。

とくに長寿社会の日本では、長い老後を豊かに過ごすために、体の管理だけでなく、知的なトレーニングが欠かせません。中高年向けの脳トレーニング用のドリルなどがよく売れていることからも、「知の管理」に対する現代人の関心の高さがうかがわれます。

このように、「体の管理」と「知の管理」については、多くの人が非常に注意を払い、実行しています。経済的に豊かな社会では、健康で長生きすることが重要課題だということでしょう。

これに対して三つ目の「こころの管理」についてはどうでしょうか。正直なところ、肉体や知の管理に比べると、なおざりにされているように思えてなりません。

しかし、じつは、こころをどのように管理するか、どのような思いで日々を過ごすかこそが、生きていくためにはたいへん重要なのです。人が生きる意味とは何か、われわれはなぜいのちを授かったのか、その答えを解くカギが、ここに隠されているからです。

欠けている正常時の「こころの管理」

「こころの管理」がなおざりにされているといっても、こころそのものが、ないがしろにされているわけではないと思います。むしろ、こころのケアに対しては、近年、急激に認識が高まっているといっていいでしょう。

たとえば、一九九五年の阪神淡路大震災では、多くの人が、恐ろしく、悲惨な体験をしたことで、こころに深い傷を負い、不眠やストレス、トラウマなど、さまざまな障害に苦しみました。

そして、街や経済の復興にも増して、そうしたこころの傷の手当てや治療の重要性が広く報じられ、肉体的な傷ばかりでなく、こころの傷を負った人の精神的なケアがいかに大切であるかを一般的な認識にする、大きなきっかけになったのです。

また、大阪の池田小学校の事件をはじめ、残忍で悲惨な事件が、子どもたちの教育現場で相次いで起きました。

こうした事件を受けて、子どもの身の安全を守る取り組みだけでなく、こころのケアの必要性が認識されました。各地の小学校でスクールカウンセリングなどの仕組みが導入されています。

あるいは、さまざまなストレスや不安からうつ病や摂食障害などに苦しみ、専門医やカウンセラーを訪ねる人も、近年では老若男女を問わず増えています。一人で抱え込まずに医者を頼るように勧めるテレビコマーシャルも頻繁に流れるようになりました。

このように、こころに深い傷を負ったときも、専門家による事後的なケアが必要であるということは、もはやいうまでもないでしょう。こころの問題が、胃潰瘍や不眠といった健康障害の原因となることも、広く知られている事実です。

しかし、問題は、普段からこころの管理に注意を払っているかどうかです。

肉体に関しては、多くの人が、とくに支障がなくても定期的に健康診断を受け、食事や運動などで健康を維持するように努めています。

肉体もこころも、一度病んでしまったら専門家による治療が必要になるのですから、こころも、正常なときにその状態を保つように管理されていいはずです。

ところが、多くの人が普段から健全なこころを保つこと、もっといえば、日々どんなこころで生きるかに関しては、あまり気を配っていないのが現状ではないでしょうか。

「よい思い」がよい結果を生み、「悪しき思い」が悪い結果を生む

こころの持ち方は、その人の人生そのものに大きく影響します。こころに深く抱く思いは、その人間の環境に変化をもたらし、未来に影響を与え、運命さえ左右するのです。

こころにつねによいことを思い続けていれば、その人の周辺にはよいことが起こり、悪い思いを抱いていれば、悪い結果がもたらされることは、疑いようのない事実です。

万事が「驕《おご》る平家は久しからず」で、他人を騙《だま》し、裏切って富や権力を手に入れるような悪い思いを抱く者には、最終的に悪い結末が待っています。そして、真面目にコツコツ精進している人間を、天が見捨てることはけっしてありません。

これを、仏教の世界では「因果応報《いんがおうほう》の法則」といいます。

私はこの法則を、身をもって体験してきました。

思えば、私の人生は失敗と挫折の連続でした。中学受験に失敗し、結核を患い、大学受験も第一志望は不合格と、やることなすこと、思いどおりにいったためしがありません。

就職試験も、不況で就職難のうえ、縁故もない私は、何社も落ち続け、世の不公平と己の不運を呪《のろ》ったものです。

教授の世話でもぐりこんだ会社は、いつつぶれてもおかしくないような、赤字続きの弱小企業でした。経営者一族は内輪もめを起こし、給料の遅配も当たり前というありさまで、しばらくは、同期入社の仲間と、愚痴や不満をこぼしてばかりいました。

その同期が一人、また一人とほかに職を見つけて辞めていき、とうとう私一人になったときのことです。私は、これ以上、苦境を嘆いていてもはじまらないと心機一転、ひたすら仕事に励もうと腹を括《くく》りました。

セラミックスの開発という地味な研究で、新しい材料を開発するために最善を尽くそうと、寝食を忘れて打ち込みました。前向きに理想を追求することこそが、人間として正しいことだとこころを入れ替え、奮闘したのです。

すると、次第に研究の成果が上がりはじめ、上司の評価も高くなりました。そうなると仕事がおもしろくなって、ますます研究に没頭するようになり、ついに新しいセラミックス材料の開発に成功することができたのです。

まさに、よい思いが、よい結果を生んだということです。

こころは耕しようで、よい実も悪い実もできる

村上和雄先生はつねづね、人知を超えた崇高な存在、「サムシング・グレート」について説かれていますが、そのことを口にすると、「科学者なのに、そんな得体の知れないものを信じるなんて、とんでもない学者だ」と非難されるとおっしゃっています。

私も、「因果の法則は、宇宙に存在する紛れもない事実だ」などと言うと、「あいつは最近、すこし新興宗教がかってきた」と揶揄《やゆ》されることが多々あります。

しかし、科学の法則が確かに存在するように、よい思いがよい結果を生むという法則も、厳然として宇宙に存在する事実なのです。

二十世紀初頭にイギリスの作家、ジェームズ・アレンの書いた『「原因」と「結果」の法則』は、自己啓発書のルーツといわれ、人生のバイブルとして世界中の人々に一世紀にもわたって読まれ続けています。

日本でも近年、ベストセラーになったので、ご存じの方も多いことでしょう。

そのジェームズ・アレン氏が、人間のこころの管理がいかに大切かということを、後世

のわれわれに、次のように伝えています。

「人間の心は庭のようなものです。それは知的に耕されることもあれば、野放しにされることもありますが、そこからは、どちらの場合にも必ず何かが生えてきます。

もしあなたが自分の庭に、美しい草花の種を蒔かなかったなら、そこにはやがて雑草の種が無数に舞い落ち、雑草のみが生い茂ることになります。

すぐれた園芸家は、庭を耕し、雑草を取り除き、美しい草花の種を蒔き、それを育みつづけます。同様に、私たちも、もしすばらしい人生を生きたいのなら、自分の心の庭を掘り起こし、そこから不純な誤った思いを一掃し、そのあとに清らかな正しい思いを植えつけ、それを育みつづけなくてはなりません」（『「原因」と「結果」の法則』ジェームズ・アレン著・サンマーク出版）

これに当てはめて考えるならば、私が心機一転、仕事に血道を注ぐようになったのは、それまでこころにはびこっていた雑草を抜き去り、美しい草花の種を蒔いて、精魂こめて手入れをしはじめたということだったのでしょう。そのためか、私の人生はその後大きく変わりました。もちろん、よいことを思い、よいことをしても、すぐによい結果が生まれるとは限りません。しかし、一生という長い歳月でみれば、きっと当てはまるはずです。

こころは運命すら変える力を持っている

ジェームズ・アレン氏は、次のようにも言っています。

「心は、それ自身が密かに抱いているものを引き寄せます。それは、それ自身がほんとうに愛しているもの、あるいは恐れているものを引き寄せるのです。心は、清らかな熱望の高みにいたりもすれば、けがれた欲望の底にまで落ちもします」(前記書)

こころがよい思いを抱いていれば、その磁石に引き寄せられて、よい環境やよい人生がやってきますし、邪悪な思いがあれば、けがれた未来を引き寄せるということです。

これと同じ意味の言葉を、私は、子どものころ、結核の病の床で読んだことがあります。

それは、生長の家の創始者・谷口雅春氏の『生命の実相』にある、「われわれのこころのうちには災難を引き寄せる磁石がある。病気になったのは病気を引き寄せる弱いこころをもっているからだ」、という一節です。少年の私は、これを目にしたとき、こころが凍りつきました。病気を引き寄せた自分のこころに、十分思い当たる節があったからです。

じつは、先に結核にかかったのは私の叔父で、私は、病気がうつるのを恐れて、叔父の寝ている部屋の前を、いつも鼻をつまんで走り抜けていたのです。かたや、父は熱心に付き添って看病し、私の兄は、そう簡単にうつるものかと平然としていました。

その結果、自分の身ばかりを案じて病人を避けていた私一人が、結核に冒されたのです。病気を恐れた弱いこころが災いを呼んだのだと、身のすくむ思いがしました。

アレン氏はまた、よき思いがよい結果を生むことを、次のような表現で説明しています。

「心の中に蒔かれた（あるいは、そこに落下して根づくことを許された）思いという種のすべてが、それ自身と同種のものを生み出します。それは遅かれ早かれ、行いとして花開き、やがては環境という実を結ぶことになります。良い思いは良い実を結び、悪い思いは悪い実を結びます」（前記書）

こころに抱いたとおりの環境や人生が、その人の周辺や未来に現れる——。このように、こころというのは、体の健康に影響を及ぼすばかりでなく、自らの人生にも大きく響き、運命すら変えてしまう力を持っているのです。

だからこそ、こころの庭をきれいに耕し、美しい、よき思いの種を蒔き、育まなければなりません。ゆめゆめ手入れを怠って、けがれた思いの種が人生に悪い結果をもたらすことがないよう、こころせねばならないと思うのです。

「よき思い」とはどんな思いか

人の抱く思いが、その人の人生を左右するのであれば、いい人生を送るためには、どのような思いをこころに抱くべきか、つねに慎重に考えて、その準備と管理を十分に行わなければなりません。

それでは、「よき思い」「悪しき思い」とは、具体的にどのような思いなのでしょうか。

簡単にいえば、「よき思い」とは、やさしさ、思いやり、慈悲であり、「悪しき思い」とは、それと対照的に、冷酷、無慈悲といった思いです。

その他、同様の対比を思いつくままに挙げてみます。

明るさと暗さ、積極的と消極的、楽観的と悲観的、利他と利己、足るを知ると貪欲《どんよく》、努力と怠惰、素直と頑固、勇気と卑怯《ひきょう》、誠実と不誠実、忍耐と放縦《ほうじゅう》、正直と不正直、自己犠牲と自己愛、慎み深さと虚栄心、道徳心と不道徳、感謝と不平不満、謙虚と不遜《ふそん》……。

挙げだしたらキリがありませんが、これらの「よき思い」を抱けば、すばらしい結果が生まれ、これらの「悪しき思い」で事に当たると、不幸な結果が生まれます。

たとえば、親や学校の先生が子どもたちの成長を願い、愛情、思いやり、まごころをもって指導すれば、子どもにもその思いは伝わり、意欲的に学んで立派に成長するでしょう。逆に、愛情のない冷酷な態度で子どもを教育したら、子どもの反発や怒りを買うだけで、子どもをよい方向へ導くことは難しいだろうと思います。

先人の足跡を顧《かえり》みても、慈悲溢《あふ》れる利他のこころがもたらした偉大な業績は、枚挙にいとまがありません。二宮尊徳、宮澤賢治、シュバイツァー、ナイチンゲールなど、誰もが子どものころ、耳に親しむほど、その人柄や行動について教わっているとおりです。

私自身にしても、二十代で、何の経営知識も経験もないまま京セラを創業したときには、人間として正しいことを追求するという自らの信念を、唯一の経営方針に据《す》えていました。というより、私の場合は、それしか手立てがなかったといったほうが適切でしょう。

誠実、正直に、プラス志向で、世のため人のために尽力し、嘘をつかない、人に迷惑をかけない、驕《おご》らず、怠けず、私利私欲に走らない。このようなことは、いってみれば学校の道徳で習ったような、人間として守るべき規範であり、非常にプリミティブなものです。

しかし私は、そのような基本的な教えを基に会社を運営し、社員との信頼関係を築いて、さまざまな難関を乗り越えながら、事業を成功させていったのです。

競争や戦略の中にこそ、「よき思い」が必要

人生の中で、われわれはしばしば、友人や仲間、商売相手などといろいろな物事について、話し合ったり取引したり交渉したりします。

利益を求めて、戦略をめぐらせ、競争を繰り返すビジネスマンにおいても、ビジネスの競争や戦略の中にも、利他や正直、誠実など、人として正しいこころがけがあってこそ、成功があるということは、いうまでもありません。

冷酷な思いや貪欲さ、あるいは暗い、悲観的な気持ちや利己的な思いで戦略・戦術を立てるのか、逆に、利他の思いを胸に、素直で勇気あるこころや思いやりを持ってことに臨むのかによって、その人の人生やその集団の運命は、大きく変わっていきます。

競合相手に勝つために戦略・戦術を立てるというと、権謀術数《けんぼうじゅっすう》の限りを尽くすというように、巧みに人を欺《あざむ》く計略を進めてでも勝ち抜くもの、と考える人がいるかもしれません。弱肉強食のビジネスの世界で、思いやりや利他の気持ちなどと甘いことを言っていると、競合相手に先を越されてしまい、厳しい戦いに勝てるわけがない。そんなおめでたい

ことを言う裏には、何か魂胆《こんたん》があるのではないかという声も、ときには聞こえてきます。

しかし、私は、長年の人生経験から確信した己の信念を、素直に述べているだけです。

商売に利他の精神の必要を説いた思想家に、石田梅岩《ばいがん》という人がいます。江戸時代中期に、士農工商の身分制度でもっとも低く位置づけられた商人に対して、商人が利益を得るのは、武士が禄《ろく》をはむのと同じだと励まし、商人道を説きました。

その梅岩は、「まことの商人は、先も立ち、われも立つことを思うなり」、また、「利を求むるに道あり」という趣旨のことを唱えています。つまり、ほんとうの商人とは、相手にも自分にも利があるようにするものだ、そして、利益を得るにも正しい道を踏まねばならず、不正な振る舞いで利益を求めてはいけないと、商売の真髄を述べているのです。

近年、自社製品の欠陥を知りながら取引相手や消費者を欺き、不正に利益を得ようとしていた企業の実態が、相次いで明らかになりました。そういう企業は、結局、社会から糾弾され、顧客に見放され、相応の仕打ちを受けるものなのです。

激しい競争や戦略の中にあっても、因果応報の法則は、必ずついてきます。「よき思い」がよい結果を生むことは変わりません。むしろ、厳しい競争社会こそ、やさしい利他の思いをもって、積極的かつ前向きに取り組む姿勢が不可欠なのです。

「よき思い」は弱々しく、「悪しき思い」は強いか

思いやり、素直、誠実、謙虚、自己犠牲、慎み深さ、努力。こうして並べてみると、「よき思い」はどこかしらやさしく、弱々しいような印象を与えるかもしれません。逆に冷酷、貪欲、頑迷、自己愛、利己、虚栄心、不遜といった「悪しき思い」は、荒々しく力強いように感じられるのではないでしょうか。

しかし、ほんとうは、「よき思い」こそ強く、「悪しき思い」こそ弱いものなのです。

お寺に行きますと、山門の両脇にいかつい仁王さんが立っています。悪しき魑魅魍魎《ちみもうりょう》を踏んづけて、一歩も入れないようにしています。それを見ると、お釈迦さんも悪には弱かったために、仁王さんのような門番を置いて、悪をお寺の中に入れないようにしているのだと思えます。

しかし、よく考えてみると、お釈迦さんみたいにやさしい思いやりのこころを持っている場合には、仁王さんのような門番がいなくても、悪者が近づけば、悪者のほうから恐れを抱いて出ていくのではないでしょうか。

慈悲のこころなどというと、一見弱々しそうに見えますが、決してそうではありません。やさしい思いやりに溢れたこころは、母の愛にも似て、強く荒くれた連中にも優《まさ》る、強大な力を持っています。

なぜなら、美しいよき思いをこころに抱くことは、それは低次元の自我を追い払うことで、自己のこころの浄化をすることであり、その結果、私たちに真の強さとパワーをもたらすとともに、私たちをすばらしい有能な人間にしてくれるのです。

ジェームズ・アレン氏は、次のように言っています。

「清らかな人間ほど、さまざまな面でより有能であり、それゆえに、目の前の目標も人生の目的も、けがれた人間よりもはるかに容易に達成できる傾向にあります。けがれた人間が敗北を恐れて踏み込もうとしない場所にも、清らかな人間は平気で足を踏み入れて、いとも簡単に勝利を手にしてしまうことが、少なくありません」（前記書）

よき思いを抱くこころは、清らかであるばかりか、真の強さを持ち、有能で、勝利をつかむものだというわけです。

軟弱にみえる「よき思い」は、寛容に相手を包み、万物と調和し、幸福をもたらすのです。

大変なリスクを冒して第二電電をつくった理由

ジェームズ・アレン氏の「清らかな思いで臨む者は、勝利を手にする」という言葉で、思い出すことがもう一つあります。

それは、二十数年前に、日本で電気通信事業がはじめて自由化されたときのことです。明治期の開通以来、一社独占だった電電公社が民営化され、国際的にもたいへん高額だった日本の電気通信料金が、競争の導入によって大幅に下がる可能性が広がりました。

当時、日本の通信料金が極端に高いことをいちばん痛感していたのは、日本の大企業だったはずです。ですから、私は、多くの一流企業が、電電公社に対抗する新会社を進んで旗揚げしてくれるものと期待していました。

ところがあに図《はか》らんや、新規参入を名乗り出る企業は、いっこうに現れません。通信事業には膨大な投資が必要ですし、当時の電電公社があまりにも巨大だったので、それと競合する事業のリスクは計り知れず、成功のめどが立たないというわけです。

それでも私は、財界を代表する大企業が、コンソーシアム（連合体）をつくってでも参入してほしいと切実に待ち望みましたが、誰も手を挙げる気配はありませんでした。

電気通信事業の自由競争によって通信料金を適正に下げることは、国民のために、なんとしても果たさなければならない絶対の課題です。

それを誰もやらないというのならば、私がやるしかない。私は、京都の一中堅企業にすぎなかった京セラを母体に、通信事業を立ち上げる決意を固めました。

そうはいっても、そうそうたる大企業でも足がすくんでしまうほどリスクの高い事業を、門外漢《もんがいかん》の自分がはじめようというのですから、逡巡《しゅんじゅん》しないわけがありません。

私は自分自身を厳しく問い詰めました。

「動機善なりや、私心なかりしか」、つまり、「通信事業を起こす動機は、ほんとうに善なのか。そこには私心がないか。利己が働いていないか」と、毎晩自らに問うたのです。

国民のために電気通信料金を安くしたい。その志は立派にみえるけれども、そこに私利私欲が働いていないか、己の名を残したいという私心はないか。こうして半年の間、夜寝る前に必ず自分に厳しく問い続けました。

その結果、世のため人のために尽くしたいという純粋な思いは揺るぎないものだと確信して、私はついに第二電電（ＤＤＩ）の創設に踏み切ったのです。

未踏分野でも、純粋な動機なら成功できる

私が通信事業参入の意志を明らかにすると、多くの人が「よくぞ手を挙げてくれた」と賛同してくださる一方で、「そんな弱小企業が手を出すなど無謀な挑戦だ、成功するはずがない」という冷評もたくさんありました。

同時に、新たに二つの企業体が相次いで参入しました。おそらく、「京セラのような、技術も何もない中堅企業がやるのなら」というわけでしょう。

一つは、当時の国鉄が創った会社です。国鉄にはすでに通信部隊がありましたし、新幹線の線路沿いに光ファイバーを敷けば、東京・名古屋・大阪間の通信はすぐにできるという強みもありました。

もう一つは、建設省、日本道路公団やトヨタを中心に設立された会社です。国鉄が線路沿いなら、こちらは東名神高速道路に光ファイバーを敷けばいいというわけです。

巨大企業による二つの通信会社に対して、京セラが母体となってできた第二電電は、インフラもないどころか、通信分野の技術・知識すら十分ではありません。世の中では、

「おそらく最初につぶれるのは第二電電だろう」というのが大方の見方でした。

しかし、世間の評価がどうであろうと、われわれは若い者を中心に、高い志の下、死物狂いで未踏の地を切り開いていきました。そして創設時の衆評に反して、ぐんぐんと業績を伸ばしていったのです。

その後、激しい企業間競争の末に新規参入の二社は消えていきましたが、第二電電は現在、ＫＤＤＩとして、ＮＴＴに次ぐ日本第二位の通信事業者になっています。

第二電電の成功は、ジェームズ・アレン氏の「人が失敗を恐れて足を踏み入れないところに、純粋なこころの人間は平気で足を踏み入れて、いとも簡単に勝利を手にしてしまう」という言葉そのものではないかと自負しています。

新事業をはじめる動機が利己的なものではなく、世のため人のためという善に基づくものだからこそ、社員の信頼も献身も得ることができ、総力を結集して事業を展開することができたのです。

事業を進めるときにも、人の道にはずれた不正な行為があれば、「因果応報の法則」のとおりに、いつかはその代償を払うはめに陥ります。私自身の経験からもわかるように、動機が善であり、実行過程も善であれば、結果は自《おの》ずとついてくるものなのです。

「こころとからだの元氣プラザ」が成功する必然

私自身の実体験の話が続きましたが、もちろん、「よき思い」がよき結果を生んでいるという例は、私の周りにたくさんあります。

その一つが、下村満子さんが創業された「こころとからだの元氣プラザ」です。創設当初は、「大きな投資をして、素人が東京のど真ん中でそんなことをはじめても、うまくいくはずがない」、というような専門家の意見もあったようです。

しかし、そういう批評に反して、すばらしい経営を続けているのは、多くの人の心身の健康を願うという純粋な思いが動機だったからにちがいありません。

これもまた、ジェームズ・アレン氏が言うように、「けがれた人間が敗北を恐れて近づかない場所にも、清らかな人間は平気で足を踏み入れて、いとも簡単に勝利をつかむ」ことを、まさに証明しているのではないでしょうか。

ちなみに、下村さんとは、以前にある会合でお目にかかって以来、親しくおつきあいいただいています。

下村さんは、精力的に活躍されているジャーナリストですが、それだけではありません。お父様が在家の禅の師家（老師）で、下村さんご自身も、幼いころからお父様に禅の道を教わってきているので、人間のこころの問題について、深い関心を持っておられるのです。何年か前にも、ニューヨークにご同行いただき、「盛和塾ニューヨーク」の開塾式に出席していただきました。

「盛和塾ニューヨーク」は、ニューヨークで孤軍奮闘している日系企業の経営者が集まって、経営哲学を学ぼうと誕生したものです。

異国で、言葉も習慣も違うさまざまな人々を相手に、徒手空拳《としゅくうけん》で会社を興《おこ》した日本の若い経営者たちが、将来、立派な経営者に成長してくれればと、私は現地を訪れ、激励の言葉を贈ってきました。

立派な経営をするにも、やはり大切なのはこころの手入れです。それは、業種が何であろうと、規模がどれくらいであろうと、国がどこであろうと変わりません。

経営者自身がつねに悪しき思いを打ち払い、こころの手入れを怠らずに人徳を高めていけば、因果応報の法則に従って、物事はよい方向へ運び、大輪の花を咲かせるにちがいないのです。

細胞そのものに「何か」が存在しているのではないか

生物学の世界から「人間」というものの存在を説明すると、まず細胞があり、細胞が集合して臓器等ができ、それら臓器が集まって生物個体となり、そこではじめて生命が生まれ、脳が現れ、知能やこころが生まれるのだといいます。

しかし、たとえば、細菌やプランクトンのような、たった一つの細胞から成る単細胞生物も、やはり自分の意志でエサを探すほか、いろいろな行動を起こしています。

つまり、私には、どうも一つの細胞そのもの、また、体の臓器そのものにも、こころとも知能とも意識ともつかない、「何か」が存在するように思えてならないのです。

私たち人間の肉体は、六十兆個ほどの細胞でできていますが、その一つひとつの細胞に宿る意識のようなものが、私たちの意識を構成しているとは考えられないでしょうか。

たとえば、胃の内面の細胞は、もともと胃酸には強くできていますが、不安や心配事が積み重なると、胃壁が胃酸に侵されて胃潰瘍になることがあります。つまり、こころの悩みが胃壁の細胞の抵抗力を弱くしてしまうということが、現実に起こるわけです。

こうしたことからも、細胞一つにも、「何か」が在在するのではないかと思うのです。それは、村上和雄先生がおっしゃる「サムシング・グレート」、宇宙や生命をつくり出した偉大な存在とつながっている「あるもの」と解釈したほうがよいのかもしれません。サムシング・グレートを「神」と呼ぶ人もいますが、私は「宇宙の流れ」とか「宇宙の意志」と呼んでいます。いずれにしても人間の能力では説明しきれない、不可知のものです。

そうした偉大な「何か」の存在を認めない限り、宇宙の生成発展や、生命の神秘的で精《せい》緻《ち》な仕組みを説明することなどできません。その存在が無限の空間に偏在し、宇宙のすべてのものの生命の誕生、成長、消滅をつかさどっているのです。

こんなことを言うと、あまりにも飛躍しすぎて学問の論理にはなじまないと批判されそうです。たしかにそうかもしれませんが、近代科学を絶対視しすぎると、私たちは人間の本質を見誤ってしまう危険があると思います。

現代人は、核兵器やクローン技術など、人間の領分を超えた所業、いわば神業に手を染めるまでに、科学を発達させてきました。そういう現代に生きているからこそ、科学のものさしでは測れない不可知な存在を信じたほうがいいと、私は思っています。

それが人間の傲慢を諫《いさ》め、謙虚という徳をもたらして、成功と平安を引き寄せるのです。

こころの手入れこそが必要な現代社会

多発する詐欺や凶悪犯罪、家庭崩壊、定職に就《つ》かない若者たち、教育の荒廃、企業・官僚の不正行為、テロの恐怖……。問題は山積するばかりで一向に解決の突破口が見えず、混迷を極める社会の中で、漠然とした不安が、暗雲のように人々のこころをふさぎます。

現代は、経済が豊かになり、個人の自由が尊重され、価値観もどんどん多様化してきています。こういう現象だけを見れば、一人ひとりの可能性や幸福の追求は、昔よりずっと果たしやすくなっているはずです。

それなのに、貧しかった昔より、むしろ現代のほうが世相は荒れ、生き甲斐やいのちの喜びを忘れ、こころは満たされず、道を見失ってしまう。それはなぜでしょうか。どうしたら、こんな暗闇の中にも光明を見いだすことができるでしょうか。

近ごろ、こういう質問をよく受けます。

そうした質問にひと言で答えるなら、やはり「こころの管理をなさい」のひと言に尽きます。「こころの管理」こそ人が生きる基本であり、絶対に欠かすことのできないものなのです。

豊かなはずの現代社会がすさんでいるのは、みんながこころの手入れをしないので、雑草が生え放題、こころが荒れ放題になっているからでしょう。

その大本《おおもと》をたどれば、戦後ずっと、おとなたちがこころの管理を重視せず、子どもたちにも教えずにきたというところに行き着きます。

私は仕事柄、役所の人間と接する機会も多いのですが、そこで感じるのは、まだ三十そこそこの若い役人が、まるで五十代のベテランかと思わせるような不遜な態度をとり、いかにも自分は選ばれたエリートだといわんばかりの言動が、見え隠れしていることです。

要するに、人のあるべき姿を教える道徳を無視した、勉強さえできればよいという風潮が、高慢な官僚社会を生み出しているのです。

昔はよかったなどとは言いたくありませんが、少なくとも一昔前ならば、そんなことはけっしてありませんでした。年上の人を敬うというのは、学歴うんぬん以前の人間関係の基本として、骨の髄までしみ込んでいることだったからです。

戦後、日本は驚異的な急成長を遂げましたが、その代わりに見失ったものも多かったのでしょう。そこにいま、立ち返るべきときが来ているのではないでしょうか。

「よきこころ」を保つ毎日の習慣

さきほど、「よき思い」はやさしさ、思いやり、素直、誠実、忍耐……というように、いくつか単純な言葉を挙げました。

どれもが、誰でも知っている常識的なことばかりです。しかし、あまりにもありふれた言葉であるがゆえに、かえって見過ごされてしまう嫌いがあるように思います。

かつては、学校教育や宗教が、こうしたことを倫理や道徳として教えていましたが、戦後六十数年間、学校教育から倫理・道徳が姿を消し、政教分離の観点から、宗教も道徳教育の役目を担《にな》うことがなくなってしまいました。

二十世紀は、高度な科学技術が目覚しく発達しました。そんな時代にあって、かつて学校や宗教が教えてきた道徳は、学校教育において、あまりにも単純で子どもだましのようだと軽視され、無視されてきたのです。

つまり、こころの庭に雑草が生えないようにつねに手入れをして、美しい花の種を蒔き、育てなさいということを、戦後ずっと教えないまま今日まで来てしまったということです。

仏教に、「山川草木悉皆成仏《さんせんそうもくしっかいじょうぶつ》」という言葉があります。森羅万象《しんらばんしょう》あらゆるものに仏が宿るという意味です。つまり、私たち人間もみな、仏の化身《けしん》なのです。

ただ、人間には肉体があり、それを維持するために、欲望や煩悩《ぼんのう》といった「けがれ」を抱いてしまいます。そのけがれをすべて拭《ぬぐ》い落とせば、残るのは美しい仏のこころです。

言い換えれば、人はこころの持ちよう次第で菩薩《ぼさつ》にもなれれば、悪魔にもなりうるということです。利他のこころで人様に思いやりをかけるか、逆に煩悩のおもむくまま利己のこころで勝手気ままに振る舞うかによって、その人の人生は大きく分かれるのです。

大晦日の夜、百八つの煩悩を払い、もとの美しい魂に近づくために除夜の鐘を撞《つ》くように、人生を送るうえでも、さまざまな経験を通して煩悩を払い、こころを磨かなくてはなりません。

そのためには、毎晩寝るまえに一日を反省し、その日こころに抱いた悪しき思いを取り除き、よき思いを改めてこころに刻み込むような、こころの手入れの習慣が必要です。

人は誰しも、この世に生を受けた以上、幸福な人生を送りたいと願っています。それはけっして天から降ってくるものではなく、自分のこころを磨くことによって、はじめて得られるものなのです。

一人ひとりの義務と責任が問われる

社会の不安や閉塞感《へいそく》は、日本だけの問題ではなく、世界中に広がっています。宗教界は手を携えてこの課題に取り組むどころか、宗教間で衝突が起こり、戦争にまで発展する、由々しき状況です。

われわれ現代人は、高度な科学技術に立脚した物質文明を築いてきました。社会はすばらしい発展を遂げ、生活は豊かで便利になりましたが、その一方で、近年、精神の進化が伴わず、人が生きていくうえでもっとも基盤となる、人間としてあるべき姿が忘れ去られ、生きる意味が見失われてきました。またその意味を説いてきた宗教も現在、その役割を十分に果たすことができていないため、世の混乱が深まっているのではないでしょうか。

このまま誰もこの問題にメスを入れず、あるべき姿を取り戻すことがなければ、世界の情勢は、ますます暗い方向へ向かわざるをえないのではないかと気懸《が》かりでなりません。

私は、一度、ＯＢサミット（インターアクション・カウンシル）のシンポジウムに出席したことがあります。

ＯＢサミットとは、一九八三年に故福田赳夫元首相らの提唱で創設されたフォーラムで、各国の大統領・首相経験者が、人類が直面する政治・経済・社会問題の解決に向けて、自由な立場から意見交換を行い、積極的な提言を示すものです。

そのときのシンポジウムで、フレーザー元オーストラリア首相らが、次のような趣旨の意見を述べています。

「第二次世界大戦後、世界は国連の下で、自由と人権の回復・擁護を追求してきました。しかし自由と権利を強調するあまり、世の中がおかしくなってきたのではないでしょうか。自由と権利には、それに見合う義務と責任が伴うことを忘れてはなりません。今は、むしろ、義務と責任の重要性を前面に押し出すべきではないでしょうか」

われわれがもっとも大切だと思っていた自由と権利をすこし抑えてでも、義務と責任の遂行を重視すべきだという意見が、世界の良識ある方々から出はじめているということは、たいへん注目すべき点ではないかと思います。

国家の義務と責任、人間一人ひとりの義務と責任が、強く問われるべきときに来ているのです。

「死」の恐怖を感じない考え方

私は七年ほど前に胃がんの手術を受けて、胃の三分の二を切除しました。そのとき胃と腸を縫合したのですが、うまくいかず、術後はたいへん苦しみました。医者からは、一歩間違えれば大事に至ったかもしれないと、後で聞かされました。

しかし、私は、死の恐怖など微塵《みじん》も感じませんでした。仮に自分が死ぬようなことがあっても怖いと思ったことは、これまで一度もありません。また、肉親や友人の死も、それほど悲しいとは思っていないのです。

それは、私が「魂」の存在を信じているからです。人間の肉体は現世で老い、やがて死を迎えて滅びますが、人の魂は永遠に消えることはないと信じているのです。

ところが、今は、霊魂の存在を信じている人が、たいへん少なくなりました。近代科学が霊魂を否定し、死んだ後には何もないと、われわれに教えたからです。

浄土真宗を開いた親鸞《しんらん》は、「念仏を唱えれば、すべてのものが救われる」と説きました。といっても、現世で救われるということではなく、念仏を唱えれば阿弥陀如来《あみだにょらい》が救ってくれて、死んだあとに極楽浄土に行けるという教えです。

こうして救済されたのち、魂はやがてまた現世に帰ってきます。それは、まだ救われていないこの世の人たちを救うために、帰ってくるのだといいます。

極楽浄土に行くというのは利己的ですが、それだけではなく、やがて現世に帰ってきて周りの人を救う利他の思想まで含めてこそ、親鸞らの教えなのです。

こうした考えを信じている私にとって「死」は、魂の新しい旅立ちを意味します。すこしも怖いものではありません。私の魂は、輪廻転生《りんねてんせい》を繰り返して、いつの日か、魂を磨く修行の場として現世を選んで、またこの世に帰ってくると、私は思っています。

私は、六十五歳のとき、得度《とくど》をして仏に仕える身になりました。それは、現世の最後の時期に、人生とは何かをあらためて学び、来世への旅立ちの準備をしたかったからです。魂の修行をして、生まれたときよりも、すこしでもよきこころ、美しいこころになって死んでいくためです。

それは何より、人は何のために生きるのか、宇宙の意志は、何の目的でわれわれに生を授けたのかといったことの答えは、この「こころを高める」こと以外にないと私が信じているからなのです。

親しい知人の「死後の世界」からのメッセージ

来世を信じないのは、若い人ばかりではありません。私より十歳ほど年上の親しい友人もまったくの無神論者で、あの世など存在しないと言い切っていました。

その方と私は、年中いっしょに食事をしたり、人生や経営の悩み事を打ち明け合ったりする仲でした。彼の奥さんもお母さんも、たいへん熱心なクリスチャンでしたが、ご本人だけは、まったく宗教を信じていなかったのです。

あるとき二人で酒を飲んでいて、何かのひょうしに「死後の世界はあるかないか」という話題になったことがありました。私が「死んでも魂は残る」と主張するのに対して、彼は「死後はナッシング（無）だ」と譲りません。

そこで私は、彼にこんなことを言いました。

「もし死後の世界があったら、あなたは困りますよ。魂がうろうろしなければならないじゃありませんか。反対に、もし死後の世界がないとしたら、私自身も死んだ後存在しないのですから、うろたえようがありません。いずれにせよ、死後の世界があると信じていたほうが安心ではありませんか」

そして、もし死後の世界があったら、どちらか先に死んだほうが、葬式のときに仏壇の花輪をがさがさ揺らしたり、ろうそくの灯をふっと消したりなど、何らかの合図で知らせることにしようと約束しました。

結局彼が先に逝ってしまい、私は友人代表として葬儀委員を務めることになりました。しかし、結局、花輪はガサともいいませんし、ろうそくも消えません。

「なんだ、あいつは約束を忘れてしまったのか」と、がっかりしました。

そんなことがあってから、早くも四十九日となり、私は妻と、彼の墓参りに行きました。その帰りに二人で食事をしようと適当なレストランを探しましたが、周辺の店はどこも満席で、外にまで客が列をつくるほどです。

ところが私たちが入った天ぷらの店では、ちょうどカウンターに二つだけポツンと席が空いていたのです。そこで私は、思わず妻にこう言って笑いました。

「これは、彼がわざわざ先に来て、二人の席をとっておいてくれたんだよ。あいつは花も揺らさず、ろうそくも消さなかったけれど、やっぱりあの世はあったんだ」

こんなことを想像するだけでも楽しいものです。

「なんまん、なんまん、ありがとう」

「なんまん、なんまん、ありがとう」。これは、何かの折に胸によみがえり、無意識のうちに口をついて出る、私の口ぐせのような言葉です。

はじめてこの言葉を知ったのは、私がまだ四つか五つのころのことでした。

父に連れられていった「隠れ念仏」で、お寺のお坊さんに言われたのです。「隠れ念仏」とは、江戸時代、薩摩藩に弾圧された一向宗《いっこう》の信者が、ひそかに守り続けた慣習です。私の幼いころは、まだその風習の名残があったのでしょう。

日没後の暗い山道を、恐ろしいような厳《おごそ》かな気持ちで必死に登ると、一軒の家にたどり着きました。

ろうそくの灯だけの薄暗い中、まず、お坊さんが読経《どきょう》をします。それが終わると、私たち子どもは一人ずつ仏壇に線香をあげて拝むように言われ、それからお坊さんに、一人ひとり短い言葉をかけてもらいます。

なかには、もう一度来るようにと言われた子どももいましたが、私はなぜか、「おまえはもう来なくてもいい。今日のお参りですんだ」と言われました。

さらに、お坊さんは、このように続けたのです。

「これから毎日、『なんまん、なんまん、ありがとう』と言って仏さんに感謝しなさい。生きている間、それだけすればよろしい」

仏様から「合格」のお墨付きをいただいたようで、幼心にも、誇らしくうれしかったことを覚えています。

このときお坊さんから感謝することの大切さを教えられたことが、私のこころの原型をつくったといっても過言ではありません。

「なんまん、なんまん、ありがとう」

子どもにもやさしく覚えやすいこの言葉は、口にするたびにこころの奥底までしみこみ、やがて、私の中でつねに鳴り響くようになりました。

それが私の血となり肉となり、今の私が形づくられているのだと思います。まさに、私の「よき思い」を支える屋台骨になっているといっていいでしょう。

よいときも悪いときも、初心に立ち返って感謝の念を思い起こさせる、祈りの言葉なのです。

こころから「ありがとう」と言える生き方をしたい

人生は、照る日もあれば曇る日もあります。幸運が巡っているときはもちろんのこと、災難に遭ったときにも、修行だと思い、自分が生かされていることに「ありがとう」と感謝することが、こころを清らかにし、運命をよい方向へ導きます。

私はこれまでずっと、そう自分に言い聞かせてきました。前項のお寺のお坊さんが、幼い私に、ことあるごとに「なんまん、なんまん、ありがとう」と唱えなさいと言ったのも、そういう戒《いまし》めを含んでいたのでしょう。

しかし、そうはいっても、現実には人のこころは弱いものです。いつもいつも感謝の気持ちを持ち続けることは、容易なことではありません。

困難や災いにぶつかれば、不平や恨み言を言いたくなって当然です。かといって、物事が順調に進んでいるときなら自然と感謝の思いを抱くとも言い切れません。

調子がいいときは、それが当たり前のことに思えて、もっと大きな幸運、もっと強い満足というように欲望が膨れ上がってしまい、「ありがとう」の言葉など吹き消してしまいがちなのです。

このように人間はおろかなものだからこそ、まずは、何があっても感謝することを忘れないように自分の理性によく働きかけて、いつでも「ありがとう」と言えるように、こころの準備をしておくことが大事ではないでしょうか。

そして、たとえ逆境に立たされても、あるいは強欲な思いが頭をもたげても、悪い雑草を取り除くように、これだけで十分ありがたいと、「足るを知る」気持ちを持つように、普段からこころの庭を手入れすることが大切だと思います。

人間として正しいことをやっていれば、自ずと道は開かれるという信念の下に、私は自分自身の人生も企業経営も進めてきました。

そしてそれが成功したといえるなら、それは私や会社を支えてくれた家族、従業員、友人、知人、すべての人たちのおかげだと、今、こころの底から感謝しています。

そして、残る人生も変わらず、あらゆるものに対して「ありがとう、ほんとうにありがとう」と、こころから素直に言えるような生き方をしていきたいと思っています。

第2章

遺伝子を「オン」にして いのちを輝かす

村上和雄／むらかみ・かずお

筑波大学名誉教授。財団法人国際科学振興財団理事・バイオ研究所長。京都大学大学院博士課程修了。筑波大学応用生物化学系教授を経て現職。日本学士院賞などを受賞。『生命の暗号』『アホは神の望み』『スイッチ・オンの生き方』『こころと遺伝子』『遺伝子オンで生きる』など著書多数。

遺伝子はこころと密接な関係がある

私は、ここ四十年間、一貫して生命科学の分野の現場にいます。とくに、後半の二十年ぐらいの間は、遺伝子の研究に専念してきました。

そこで、これらの研究に基づいて二つのことからお話をはじめたいと思います。

一つは、今どんなことに取り組んでいるのかということ。

そしてもう一つは、私が、研究をしながら何を考え、何を感じているかということを率直にお話することです。

この二つの話から、遺伝子からこころを覗《のぞ》くという、一見風変わりな検証を試みたいと考えているのです。

生きものというものを研究していますと、研究すればするほど、その不思議さに感動させられます。こんなにすばらしいものがどうしてできたのだろう、という思いは深まるばかりです。

私が、「心と遺伝子研究会」という研究会を立ち上げたのも、生きものの不思議さやすばらしさをより広く知っていただきたいからです。そして、私自身もより深く知りたいと思っているのです。

こころと遺伝子というのは、一見関係がないように思われるかもしれません。しかし、私はいろいろな体験をしているうちに、人のこころの持ち方や使い方は、遺伝子の働きを変えるのではないか、変えるにちがいないと考えるようになりました。

その証明をするために、なんとかデータを取りたいと思ってここ二年ほど研究をしています。その一環として、私たちは「吉本興業」とジョイントイベントをはじめました。

吉本興業？　何かの間違い、書き違いと思われるかもしれませんが、間違いではありません。そうです。あのヨシモト、どなたもご存じの有名な芸能プロダクションです。

とくに、関西地区のお笑いタレントの大部分は、ここに所属しているといっても過言ではないでしょう。

とはいえ、いろいろな方と共同研究をしてきた私も、この吉本興業と組んで研究をするなど、数年前まではまったく予期しておりませんでした。どこでどういう不思議な出会いがあるかわからないところが、人生の面白さなのでしょう。

吉本興業と組んでおこなった笑いと糖尿病に関する最新実験

私たちは、吉本興業と組んで何をはじめたのでしょうか。それは、「笑いというものが、どの遺伝子のスイッチをオンにして、どのスイッチをオフにするか」という研究でした。はじめに協力していただいたのは、糖尿病の患者さんたちでした。実験は二日間に分けて行いました。糖尿病の患者さんの場合、食後の血糖値が必ず上昇するということを前提にした実験でした。

一日目は、二十五人の患者さんに協力をお願いして、まず昼食をとっていただきました。そして、おなかがいっぱいになったところで、すぐその後で大学の先生に講義をしていただきました。

「糖尿病のメカニズムについて」という講義です。大学の先生の講義というのは、多少の例外はあるものの、概して面白いものではありません。

ヘタにやってくださいとは言いませんでしたが、こうした表題では面白くしようもないでしょう。

お世辞にもエキサイティングとはいえないこの講義を四十分していただいてから、血糖値を測りました。すると、食後血糖値というものは、もちろん食前よりは上がるものですが、その上がり方が大きく、平均一二三ミリグラムも上昇してしまいました。

これは私の予想をはるかに超えました。「血糖値の高い人は、大学の先生のむずかしい講義は避けるようにしましょう。糖尿病が悪化しますから」という、いい教訓になったかもしれません。

そして翌日のことです。今度は前日の患者さんに加えて多くの一般人の方の協力で、千人収容のつくば市民ホールをいっぱいにし、漫才のＢ＆Ｂ、島田洋七・洋八のお二人に公演をお願いしたのです。

大きな笑いのうちに公演が終わり、血糖値を測ってみました。なんと、上がり方が大幅にダウンし、七七ミリグラムだったのです。

公演前に私は、Ｂ＆Ｂのお二人に、「この実験が成功したら歴史に残りますよ。笑いと遺伝子の関係はまだ誰も手をつけていませんから」と耳打ちしたのですが、それがまさに現実になったのです。

笑いには副作用がない

こうした実験でわかった笑いの持つ効果は、思った以上に大きいものでした。これは面白いということになったのです。じつは、この実験計画を持って糖尿病の専門医に相談に行きますと、ほとんどの人がこう言っていたのです。

「そんなアホな実験は、まともな医者はやりません」

それで私は、世の中には平凡な実験が多い中で、少なくとも私たちの実験は、そういう「アホな実験」という特徴を持っていたことが、この実験のよかったところだと自画自賛したわけなのです。自画自賛ついでにすぐに発表しましょうということになり、この実験結果はアメリカの糖尿病学会誌に掲載されました。

さらに、「笑いだけで、糖尿病の九割を占める二型糖尿病患者の、食後の血糖値の上がり方が大幅にダウンしました」という記事を、ロイター通信という通信社が取り上げてくれました。私たちのアホな実験結果は、こうして全世界に発信されたのです。

自分で言うのも変ですが、私たちの研究は、すこしずつ注目を浴びはじめています。なぜならば、この研究が進んでいきますと、薬の代わりにお笑いビデオが処方されるような医療機関が増える可能性があるのです。

今の医療というのは、患者さんにとってあまり快《こころよ》いものではありません。手術など、誰もしたくないでしょうし、薬も飲まずにすめばそれに越したことはありません。薬はたしかに効きますが、必ず副作用が伴います。

それに対して、笑いには副作用がありません。たとえば、笑い転げて死んだという話は聞いたことがありません。

ですから、私は、この実験が、医療の質を変えるスタートになるかもしれないと思うことがあるのです。おなかが痛くなるくらいの副作用しかない笑いの研究を進めて、医療の質を変えたいというのが、目下の私の夢なのです。

夢は実現しないから夢というのだと言う人もいますが、この夢はもしかしたら実現するかもしれません。たとえば、いろいろな質問が、患者さんからきます。

とくに糖尿病の患者さんからのご質問が多いのですが、そのうちの傑作に、「Ｂ＆Ｂという薬はどこで売っていますか」というウソのようなほんとうの話があります。冗談かと思ったら、患者さんは本気だったのです。

「笑いを誘うビデオ」を臨床現場に持ち込んでいる

本気で「B&Bという薬はどこで売っていますか」と聞いてくださった患者さんの「薬」という言葉に私は大きなヒントを得ました。

それに勇気づけられたこともあって、私たちは今、「笑いを誘うビデオ」を作っています。もちろん、昔からお笑いタレントさんの芸を録画したビデオはたくさん出回っています。「やすきよ漫才」はもちろん、年配の方ですと、「てんや・わんや」のお二人のとぼけた味わいのある漫才を懐かしむ向きもあるでしょう。

というわけで、現在出回っている「お笑いビデオ」は、出演している芸人さんの芸で笑わされる部分が多いのです。しかし、私たちが作っているビデオはちょっと違います。

こうしたビデオで笑わせてもらうこともたしかに大事です。しかし、それですと、笑うのはビデオを見ているときだけのことになります。いっとき笑っても、日ごろの生活に笑いがなければ元の木阿弥《もくあみ》になってしまいます。

ですから、ほんとうに大切なのは、毎日毎日笑えるような気持ちになっているか、笑うようなからだになっているかということです。ですから、あえて「笑いを誘うビデオ」というタイトルにしました。というわけで、このビデオにはお笑いタレントは出てきますが、それだけではありません。

まずはイメージトレーニングをしていただきます。今までの人生での一番楽しかったことを思い浮かべてもらうのです。「苦の娑婆《しゃば》」とか、「重い荷物を背負って歩むのが人生だ」とか、「苦しきことのみ多かりき」などという言葉がたくさんあるように、とくに日本人は、「楽しむ人生は悪だ」という感覚を持っているようです。

そのために、楽しかったことは、こころの奥にしまいこんでいるのではないでしょうか。このイメージトレーニングはそれを思い出すためにするものです。

それから、天と大地を感じる呼吸をし、その後簡単な体操をして、心身をリフレッシュします。そして最後に、笑うために必要な筋肉マッサージやストレッチをやります。

笑う筋肉は目や口の周りや頬にありますから、そのあたりを重点的にストレッチします。こうしたカリキュラムをこなして、こころとからだを癒すわけです。

この「笑いを誘うビデオ」は、「笑みからチカラ」というタイトルでメディカルレビューから発売され、臨床現場に持ち込んで成果が上がりつつあります。

「科学」の歴史は「夜」つくられる

さて、私は、現在でこそ今申し上げたような研究をしていますが、これを始める前は、二十数年間、「人はなぜ高血圧になるのか」という研究をしていました。

二十年の歴史がありますので、話せば長いのですが、苦しいとき、嬉しいときといろいろありました。

アメリカに行って、高血圧の引き金を引く酵素（レニン）の遺伝子を追いかけていたときは、世界の強豪にはさまれて、九十九パーセントまで負けたという覚悟をしたことがあります。ところが、そのとき、私にとって、天が味方してくれたとしか思えないような不思議なことが起こりました。

逆転満塁ホームランのような奇跡が起きて、私たちのチームは、世界で最初にヒトの高血圧の黒幕となるレニン遺伝子の暗号解読に成功したのです。

このときの感動は、言葉に言い表せないほど大きなものでした。それは私の遺伝子の働きをも変えるような大きな感動でした。私が、「感動が遺伝子の働きを変える」という言い方をするのは、この体験がもとになっています。

さて、ここでタイトルの「昼」「夜」という言い方が登場するわけです。「天の味方」などと科学者であるはずの私が言いますと、科学者らしくないと思われる向きもあるかもしれません。しかし、科学は、「昼」と「夜」の二面性を持っています。「天の味方」という考え方は、科学の「夜」の部分に当たります。

つまり、客観性を重んじる科学を「昼」とすれば、主観性を大事にする科学は「夜」なのです。「夜の科学」の出発点は、「私はこう思う」「私はこうしたい」です。何の根拠もない思いであり、感覚なのですから、当てにはなりません。

しかし、保証がなくても「自分は絶対にこれをやる」「これはうまくいく」という強い思いがないと、科学者はなかなか動かないのも事実なのです。言ってみれば、「昼の科学」は、客観性と知性と理性の勝負、「夜の科学」は、感性、直感、霊感の勝負といったところでしょう。私たちは、「夜の科学」を文字どおり「ナイトサイエンス」と呼んでいます。科学者を動かしている大きなものは、このナイトサイエンスといわれる主観と感性と直感です。科学上の大発見の芽はすべて、ナイトサイエンスから出ているといっても過言ではないのです。

遺伝子をオンにするには環境を変えること

私の場合は、四十年前にアメリカへ行ったことが一つの契機になっています。

私の遺伝子そのものは、アメリカに行ったからといって変わるものではありません。しかし、環境が大きく変わりました。

すなわち、私が思う「遺伝子をオンにする」には、このように環境を変えることです。自分がもっとも行きたいところへ行くことです。もっともやりたいと思ったことをやることです。

それが人に迷惑をかけるようなことならば困りますが、自分がほんとうにやりたいことをやり、行きたいところに行くことが、「遺伝子のスイッチをオンにすること」ではないでしょうか。

なぜならば、それによって、遺伝子が活性化するのです。

私が「やりたいことをやる」の一環として最近一生懸命にやったのは、イネの遺伝子暗号の解読です。数万もの遺伝子を持つイネ遺伝子暗号のうち、約半分にあたる一万六千個の遺伝子を私たちのチームが解読することに成功しました。

これは、私たちにとって大きな誇りになりました。私はときおり、その遺伝子暗号を見ながら「わがチームもよくやったな」とちょっと得意な気分にひたったものです。

しかし、あるとき私は不思議な事実に気づいてしまったのです。それは、読んだわれわれがいるということは、それ以前に書いた人がいるのではなかろうかということです。読んだ私たちの技術はたしかにすごいけれど、もっともっとすごいことは、読む前に書かれていたということです。

書物を例にあげればわかるように、書いたものがなければ読むことはできません。書いた人と読んだ人、そのどちらが偉いのか、それは言うまでもなく書いた人です。

それでは書いたのは誰なのでしょう。お父さんやお母さんでないことは明らかです。親がこんなにすごいものを書いたのであれば、もうすこしできのいい息子や娘が生まれているはずです。

そういう意味で、おじいさんやおばあさんでないことも明らかです。それなら誰が書いたのでしょう。これがわからないのです。しかし、でたらめに書いたはずはありません。ましてヽ、ヒトの複雑な設計図がでたらめに書けるわけがないのです。

研究すればするほど、人知を超えたものの存在を感じる

現在、ヒトの全遺伝子の暗号解読は終わりました。ヒトの遺伝子はゲノムというすべての遺伝子がはいったワンセットの中に全部はいっています。私たちは父親から一ゲノム、母親から一ゲノムもらうわけです。

これが解明されたということは、遺伝子の文字の並び方が全部わかったということですから、暗号解読表を頼りにして意味がわかるということになります。

ヒトの全ゲノムは、約三十二億の文字（塩基《えんき》）から成立しています。三十二億という膨大な字を読めるまでに拡大すると、大百科事典三千二百冊分くらいでしょう。それを両親からワンセットずつもらっているというわけです。これが細胞中の核の中にはいっているのです。大百科事典三千二百冊分という万巻《まんがん》の書物というべきでしょう。私は、このからだの設計図がどれぐらい小さいところにはいっているのか、計算してみました。一グラムより小さいことはすぐにわかると思いますが、何分の一ぐらい小さいと思われますか。

答えを聞いたらさぞ驚かれるでしょう。何と、一グラムの二千億分の一なのです。ここ

に万巻の書物がはいっていて、しかも日々活発に働いています。私たちは、遺伝子の働きがなければ、一刻たりとも生きていくことができないのです。

この信じがたい事実に直面したとき、誰しもの頭に浮かぶのは「神業《かみわざ》」という言葉ではないでしょうか。私もそうでした。私は暗号解読の現場から、「これは、神様とか仏様のような人知を超えたものがいても不思議ではない」と思ったのです。

科学者にあるまじき考えなのかもしれません。こんな考えを発表したら、「あいつの科学者生命はもう終わったな」と揶揄《やゆ》されるのかもしれません。

しかし、もっぱらナイトサイエンスからの発信ではありますが、私と同じように「不思議だ、どうしてこんなに不思議なことが起きるのか」という一流の科学者は大勢います。科学者は、たしかにたくさんの法則を発見しました。万有《ばんゆう》引力の法則を発見し、遺伝子DNAの構造を解読しました。しかし、発見する前に法則があったのです。その法則をつくったのは誰なのでしょう。

ここは、じつは科学者が踏み入らないようにしている領域です。なぜならば、そういうことを考えていると、論文が書けなくなってしまいます。しかし、ときおり、私は不思議でたまらなくなるのです。

今の科学ではわからない「サムシング・グレート」の存在

日本人の大部分は、「宗教は？」と聞かれると、「特定の宗教はなし」と答えるでしょう。しかし、ほとんどの人は、「無宗教」と言われると抵抗感を感じるのではないでしょうか。だから、「単なる偶然の出会いとは思えない」とか「何かに背中を押されて、今の仕事をはじめたような気がする」などというセリフが出てくるのだと思います。

私は、その何かを表現するために、十年ぐらい前から「サムシング・グレート（Something great）」という言葉を使いはじめました。サムシングは、今の現代科学ではほとんどわからないような、偉大な何かを表す言葉として最適だと思っているのです。

これが欧米人ならば、サムシング・グレートとは言わないでしょう。彼らはおそらく、「ザ・グレート」とか「ザ・グレーテスト」と呼ぶのではないでしょうか。すなわち、特定のイメージが確立した「わが神」なのです。

ですから、「サムシング」という言葉は、非常に日本的な表現だと私は思っているのです。サムシングは、太陽、地球、ご先祖など何でもいいのです。

つまり、そういうもののおかげで、私たちは生かされていますし、そういうものがなければ、まず遺伝子暗号は書き込めません。そして、その書き込んだ遺伝子暗号どおりに、見事な調和のもとでしか動けないのです。

しかし、なかには「神も仏もあるものか」と思っている人がいらっしゃるかもしれません。私はそういう人に、「信じるか信じないかにかかわらず、あなたの中にもサムシング・グレートの働きがあります。そうでなければ、あなたの遺伝子暗号ができるわけがないし、暗号どおりに働くわけがないのです」と申し上げたいと思います。

サムシング・グレートはいったい何かというのは、おそらく人類にとっての永遠のテーマです。そこで私なりに簡単に定義してみました。

たとえば、私には両親がいました。両親にはやはり両親がいました。そうやってさかのぼっていきますと、はるか昔の祖先を産んだ両親のようなものがいなければ、その祖先は生まれていなかったことになります。

そうした、すべての生きものをつくった親のようなものを、そして、最初から現在、未来にわたって働いている何らかの不思議な力を、私はサムシング・グレートと呼びたいと思っているのです。

「生きている」ということは、じつは「すごい」こと

このサムシング・グレートのことを考えていますと、「生きている」ということがすごいことに思えてきます。

たとえば、私たちは大腸菌という菌を使って研究をしています。この大腸菌のおかげで、ノーベル賞をもらった人が何人もいます。博士になった人は何千人にもなるでしょう。つまり、私たち科学者は、大腸菌に足を向けて寝られないくらいお世話になっています。

そして、ヒトインシュリンという、糖尿病の薬は大腸菌がつくっています。

このような薬をつくり出すことができる私たち科学者ですが、世界中の科学者を集めてもできないことがあります。それは細胞をゼロからつくることです。

なぜならば、私たちは、細胞という生きものがなぜ生きているのかという基本的な仕組みをほとんど知らないのです。はっきり言ってしまえば、こんなにがんばって研究しているのに、大腸菌の働きにも及ばないということになるわけです。

科学者たちの値打ちを下げてしまうし、プライドもありますので、ほとんどの科学者は

そのことには触れないようにしています。しかし科学者であるだけになおさら、生きていることのすごさを実感しているにちがいありません。

さきほど申し上げたように、大腸菌の研究で何千人もの博士が生まれました。ですから、情報は豊富に集まっています。

ところが、それは部品の知識にすぎません。部品を寄せ集めてみても、「いのち」は生まれません。これは現在の生命科学がダメだということではなく、「生きている」ということが、細胞ひとつとってもいかにすごいかの証《あか》しといえるでしょう。

一つの細胞が偶然に生まれる確率は、ある人の計算によりますと、一億円の宝くじを百万回連続で当てるようなすごいことなのだそうです。人間は、この確率で生まれる細胞六十兆個で成り立っているといわれています。

六十兆という数字は、地球人口の一万倍です。地球人口の一万倍の細胞、その小さないのちがお互いにケンカもせずに見事に生きています。きっと遺伝子の中に指令がはいっているのでしょう。

そうでも思わなければ、これほど見事な働きはできません。そのように考えたら、「生きているだけで大儲け」という気持ちになりませんか？

バランスよく存在する利己的遺伝子と利他的遺伝子

「遺伝子は利己的である」という説はかなり有力な説として広がっています。その何よりの証拠として挙げられるのが、「遺伝子は、何よりも自分のコピーをつくることを優先させる」というものです。

たとえば、雛鳥をオオカミが襲おうとしたとき、母親の鳥は、決死の覚悟でオオカミに立ち向かっていきます。子どものいのちを守るために、自分のいのちを捨てることも辞さない母鳥の姿は、美談としかいいようがありません。

これを、「遺伝子は利己的だ」という立場で説明しますと、「遺伝子を残すことが最優先だから、自分のいのちよりも子どものいのちを守ることに意味を見出した」結果の行動だということになります。

しかし、私は、利己的遺伝子の存在を認める一方で、利己的遺伝子だけでは生きられないのではないかと思っています。

たとえば、私たちの細胞は約三百種類あります。これらの多種多様の細胞が見事なチームワークで助け合わなければ、臓器は働くことができません。ですから、ほかの細胞と助け合って臓器の働きを円滑にし、個体を活かすという情報もまた、遺伝子にはあるのではないでしょうか。

利己的遺伝子と利他的遺伝子がバランスよく存在することで、私たちは見事に生きているのだという想像を私はしています。想像にとどまっているのは、その先のことがわからないからです。遺伝子の暗号を書いたのはどういう力だったのか、なぜ遺伝子の力で見事な生き方ができるのか、それがまったくわかっていないのです。

そんなこんなで、私は再び「生きていることはすごいことだ」ということを実感させられています。

でも、ほとんどの人は、「生きている」ことをそれほどすごいことだとは思っていません。生きているなんて当たり前だと思っています。当たり前どころか、文句を言いながら生きています。

しかし、私たちの研究対象である遺伝子や細胞のレベルでいのちというものを見つめてみますと、やはり、これはすごいことであり、ありがたいことなのだと思わざるをえない心境になるのです。

人間が「子どもをつくる」というのはじつは傲慢《ごうまん》なこと

最近の若いご夫婦には、「子どもはつくりません」とおっしゃる方が増えてきました。それが少子化現象という社会問題にもなっていて、国を挙げての少子化対策で、子どもをつくってもらおうと、政府も躍起《やっき》になっています。

また逆に、環境のせいかどうか一概には決められない部分もありますが、ほしくてもできないというご夫婦も増えている気がします。どうしても子どもがほしくて不妊治療の門をたたく方も多いようです。

しかし、私は、以前から、子どもをほしくない人、ほしい人、あるいは、少子化対策を考えている行政側まで含めて、共通したある概念が生まれているように思っていました。それは「子どもをつくる」という考え方です。

私には、そうした言い方は、やはり人間の傲慢さを象徴する言葉に思えて仕方がないのです。カビひとつ、もとからつくれない人間に、どうして、自分の力だけで子どもをつくることなどできるのでしょうか。

もちろん、子どものできる仕組みを考えれば、きっかけを与えることはできます。受精卵をつくる作業ならば、人間は喜んでしますし、またできるわけです。しかし、一個の受精卵は、細胞分裂を繰り返してヒトになっていくのです。

その過程を考えてみてください。わずか一個の受精卵から、わずか十カ月で、細胞数十兆個の赤ちゃんができあがっていくというプログラムを書いたのは人間ではありません。ですから、生まれた赤ちゃんは、両親の遺伝子を受け継いでいるという点では両親のものといえますが、同時に、両親のものだけではないのです。つくったのは、それこそサムシング・グレートなのですから。

赤ちゃんは、お母さんのおなかの中で、いのちの進化のドラマを再現して赤ちゃんになっていきます。いのちの進化には、じつに三十八億年かかっています。つまり、三十八億年間のいのちの進化を、赤ちゃんは、お母さんのおなかで十カ月の超スピードで駆け抜けて誕生するのです。

いのちというものが尊いのは、そういう意味があるからです。「自分のいのちだから、自分の好きなようにしてもいい」などとは言えないのではないでしょうか。それは三十八億年の歴史を自分で消すということにほかならないのです。

理論があてはまらない横田めぐみさんのご両親の姿

私たちは笑いの研究をすることで、遺伝子のスイッチオンとスイッチオフの秘密の一部を解明できてきました。笑いによって、どの遺伝子のスイッチがオンになって、どのスイッチがオフになったということがすこしずつわかってきたのです。

このことに私は少なからず興奮しました。

三万から四万の遺伝子のうち、五十前後の遺伝子のスイッチがオンになって、四から五の遺伝子のスイッチがオフになったという結果を得たのです。この研究を今後も進めたいと考えているところです。

私がこのような研究をはじめた理由は、十年ほど前から、「あなたの思いが遺伝子を変える」と言ってきたからです。たしかに、遺伝子そのものが変わることはありません。しかし、思いがオンとオフを変えるにちがいないと思ってきました。

その突破口が、笑いで開けるのではなかろうかと思い、そして、笑いで開きたいと思ったわけです。

ところが、最近、私の理論が必ずしもあてはまらないあるケースを知ってしまいました。それは、あの横田めぐみさんのご両親の姿です。

私は、今、ニッポン放送の番組審議会委員長を務めています。どうして私がそんな大役を？　と自分でも思っていますが、ともかく役目柄、ニッポン放送の番組をよく聞いています。

その中で非常にこころに残った番組があります。それは、横田めぐみさんのご両親を取り上げた『「ただいま」を聞くまで…。母　横田早紀江の祈り』という非常にすばらしい報道特集でした。それを聞きましたし、ご両親にもお会いしまして、私はほんとうに感動しました。感動するだけではなく、私は、今申し上げたように、私の理論が不十分であることを知りました。

私は、それまで「あなたの思いが……」の思いを二つに分けて考えていたのです。

一つは、たとえば、「うれしい」「楽しい」という感動や喜びの思いという「いい思い」であり、もう一つは、「不安」「恐怖」「いじめ」「悩み」などの「悪い思い」です。そして、前者の思いがいい遺伝子のスイッチをオンにし、後者の思いが悪い遺伝子のスイッチをオンにすると考えていたのです。

横田めぐみさんの両親は、なぜスイッチオンしたか

その理論でいきますと、横田めぐみさんのご両親の思いはこの後者にあたりますから、遺伝子のスイッチはオフになるはずです。めぐみさんが、突然行方不明になるという悪い思いがはいったのです。

長いストレスが続いたら、悪い遺伝子のスイッチがオンになるはずです。ご両親は、健康を害されることがあっても、あるいは精神的に大きなダメージを受けても仕方がない状況になるというのが、私が考えてきたことでした。

しかし、その考えは根本からくつがえされました。めぐみさんのご両親、とくにお母さんはすごいと思いました。

めぐみさんの無事を祈って二十八年、北朝鮮に拉致《らち》されたらしいことが知らされたとき、あのご両親は変わられたのだと思います。

「自分のいのちに代えても娘を取り戻したい」という思いが、いい遺伝子のスイッチをオンにしたにちがいありません。街頭署名など積極的に行うようになったのもそのころから

でした。

テレビなどで、ご両親の凛とした姿に感銘を受けた方も少なくないと思いますし、すこしでも役立ちたいと駆けつけた方も多いことでしょう。

拉致問題など見向きもされないころからこの運動ははじまって、今に続いているのです。私たちは、一つの国が国を挙げてこうした犯罪行為をするなど思いもしていなかったわけです。でも、私がすごいと思ったのは、「いのちに代えても」というお母さんの切ない願いに対してだけではありません。

お母さんは、さらに、「この事件をきっかけにして、日本の国を凛とした国家にしたいのです。正義のとおる国にしたいのです」とおっしゃいました。この迫力に私は圧倒されました。そして、「いのちの尊さを説くのはいのちがけなのです」という言葉にはこたえました。私も、科学者の立場から、日々いのちの尊さは説いています。しかし、いのちがけかと言われれば、そうですとは言えません。

めぐみさんのご両親の姿を見て、ネガティブなストレスがはいっても、これを受け止めて、それを乗り越えようとしたときに、ネガティブなストレスの大きさに比例してポジティブに変わることもあるのです。そのことを、私はあのご両親から教えられたのです。

病気も不幸も、すべて「サムシング・グレート」のメッセージ

とはいえ、横田さんご夫妻をはじめとする拉致被害者のご家族のような体験は、いい遺伝子のスイッチがオンされたとはいえ、悲惨な体験にはちがいありません。

ですから、とりたてて何も起こらない、感動させられるような事件も起きないような平凡な生活の中で、どうしたらいい遺伝子のスイッチをオンできるかを考えたいと思います。

私は、こんなふうに考えてはどうかと思います。

たとえば病気をしたとします。誰でも病気になどなりたくありません。ちょっと熱を出しただけ、腹痛を起こしただけ、それだけで人生真っ暗のような気分になってしまいます。

しかし、私たちに病気はつきものです。そのときにどう考えたらいいのでしょう。

「これはサムシング・グレートからの何らかのメッセージではないか」と受け止めることはできないものでしょうか。サムシング・グレートというのは、さきほどから申し上げているように、私たちのいのちの親です。

そして、過去、現在、未来にわたって働き続ける永遠のいのちです。いわば、大いなる

いのちといえるものです。その立派な親が、子供をただ単にいじめたり罰したりするはずがありません。

しかし・サムシング・グレートは言葉を持ちません。ｅメールを使うこともできません。ですから何らかのメッセージを伝えるためには、ほかの方法を使うしかありません。サムシング・グレートなどという言い方をしたものですから、なんとなくそれは天にいらっしゃるような気持ちがしてしまいますが、私たちのからだの中で働いているような、内なるサムシング・グレートがあるのではないでしょうか。

それが、病気という手段をとおして何かのメッセージを発しているのではないかと考えたいと思います。サムシング・グレートという偉大な親は、つねに、子どもがみんな立派になってほしいと考え、幸せになってほしいと願っているはずだからです。

たとえば、私は糖尿病を研究していますので、糖尿病は何をメッセージとして伝えようとしているのかを考えてみましょう。きっと、「おまえは働きの割には、おいしいものを食べすぎているぞ」という警告です。

あるいは、「もうすこしからだを動かしなさい。もっと自分で汗をかきなさい」という忠告なのかもしれません。

サムシング・グレートは、いのちに対する思いを深めてくれる

またあるいは、いのちというものについてもっと深く考えてほしいがためのメッセージということもあると思います。なぜならば、糖尿病の人の多くはカロリー制限をしています。カロリー制限をするとき、患者は嫌でも、食べもののことを深く考えます。

「カロリー制限は自分のためにやっているでしょう。しかし、ときには、あなた方の食べているものが、どこから来たものかということを考えてください。

あなた方がときには残飯として捨ててしまう食べものはほとんど、動植物の尊いいのちなのですよ。動植物のいのちをもらって私たちは生きているのです。そう考えれば、むやみに捨ててしまうことなどできないのではありませんか」

ということを、サムシング・グレートは教えたいのではないでしょうか。

お金を払っていれば、食べものを粗末にしてもいいという人がいます。しかし、私たちは、動植物のいのちには一銭も払っていないのです。私たちが払っているのは、手間賃の

みです。

そう考えれば、サムシング・グレートのこんなメッセージも聞こえてくるような気がしませんか。

「いのちを育てているものは、人間ではないのだよ。宇宙、地球、大自然などといったもののおかげでいのちが生まれるのだ。

人間は、その手助けをすこしだけしているにすぎないことに気づいてくれ。そういう世界を思い浮かべてくれ。考えてくれ」

もし、こうしたメッセージにすこしでも耳を傾けることができるならば、私たちの人生は、より深く、より広くなる可能性があるのではないでしょうか。

そういうわけで、私はいい遺伝子のスイッチをオンするにはどうしたらいいのかということを考え続けた結果、サムシング・グレートという概念を考え出しました。これからも、「サムシング・グレートとは何か」ということを、科学者の立場でずっと追いかけていきたいと思っています。

しかし、最近、その思いはさらに進んで、サムシング・グレートのメッセンジャーになりたいと思うようになりました。

宗教は「こころのサイエンス」と語るダライ・ラマ

たしかに今まで、多くの宗教家が、サムシング・グレートのメッセージを説いてこられました。ブッダもキリストも、慈悲や愛など、すばらしいことを説いています。しかし、二十一世紀の今、宗教だけでは解決できない問題が発生しているのではないでしょうか。やはり、科学者がサムシング・グレートについて語る時代がきている、私にはそう思えて仕方がないのです。そこで、私は、及ばずながら、そのメッセンジャーの役を果たしたいと考えているのです。

こうしたことを考えていますと、やはりサムシング・グレートからのメッセージなのでしょうか、いろいろと不思議なことが起こります。

たとえば、この一年半ぐらいのあいだに、私は三回もダライ・ラマにお目にかかることができました。共通のテーマは「仏教と科学との対話」でした。ダライ・ラマという方はほんとうにすばらしい方で、威張《いば》るということがまったくありません。

私は、じつは威張る人が一番嫌いです。威張る人に会うと、その人の人格もたいしたことはないという評価を下すのを常としています。ですから、ダライ・ラマのことはすっかり尊敬してしまいました。しかも、とても明るいのです。一番長く会ったのは、二〇〇四年十月のことでした。一週間続けて、「科学と宗教の対話」に出席しました。

というわけで、ダライ・ラマという人物は、朝の九時から午後五時まで、一週間みっちりと対話をするという人だったのです。宗教家としてはまれにみる人物であることが、この一点だけでもわかっていただけると思います。

私はまず、「なぜ、宗教家が科学者と対話をするのですか」と聞きました。そしたら、「仏教はこころのサイエンスです」という、格好いい答えが返ってきました。そして、「だから、自分たちは、最先端科学から学びます。しかし、科学者も、仏教の深い深いこころの真理を学んでください」と言われました。

ですから、この一週間の対話は私にとっても有意義な期間になりました。何より印象的だったのは、「科学者と対話をしていて、仏典の中のある箇所が、今の現代科学から見て、どう考えてもおかしいというときにはどうしますか」という質問に対しての答えを聞いたときのことです。

彼はなんと、「仏典のほうを変えたい」とおっしゃったのです。

ブッダの教えは、自分で考えなさいということ

私は「仏典を変えることを検討します」という答えにびっくりしました。そして、「なぜ変えられるのですか」とさらに質問しました。すると、こう答えられました。

「仏典はたしかにすばらしい。自分は百パーセント、ブッダの弟子です。しかし、教典は、ブッダが直接書かれたものではありません。弟子が書いたのです。

それはたしかにすばらしいものですが、二千年も以前に書かれたものに一点の間違いもないということはありえません。自分も、読んでいておかしいところがあると思っています」

この率直なコメントに、私はびっくりもし、そして深い感動を覚えたのでした。

どうして、ダライ・ラマはそのような思い切ったコメントができるのでしょう。ジャンヌ・ダルクの魔女伝説を否定し、地球が丸いことを認めるのに長い時間がかかったキリスト教との違いはどこにあるのでしょう。

その理由は、ブッダが同じことをおっしゃっているからだとダライ・ラマはおっしゃっ

ています。

釈尊《しゃくそん》は、「自分の教えを盲目的に信じてはいけない」とおっしゃったそうです。「盲目的に信じるのはいけない。自分の頭でよく考えて分析して、正しいと思ったら信じなさい」という釈尊の言葉を、今まで私は聞いたことがありませんでした。

ダライ・ラマは、釈尊のこの言葉を引いて、「だから、私たちには自由がある」とおっしゃいました。これはまさに、私たち科学者の立場とピタリと一致します。

ダライ・ラマは、そういう観点で「科学者との対話」を続けてこられたのです。そこで私がお話したことは、生命科学の現場から見た生命の不思議ということや生命の可能性などについてでした。

こうしたことが、宗教の場と科学の場でお互いに関連づけられる命題として語られはじめたのです。私がそのことに大変な興奮を覚えたのは、これが単なる科学の問題にとどまらないだろうと思ったからです。私たちの生き方の問題、教育の問題などに還元できると思うのです。

ダライ・ラマには次回もお会いするお約束をしていますので、またお話をするのを楽しみにしているところです。

誰もが「自分の花」を咲かせる可能性を持っている

生命科学の立場で遺伝子を見てみますと、私が思うに、多くの遺伝子は眠った状態にいます。どのくらいの遺伝子がオンになっているのか、起きて活動しているのかはわかりません。

しかし、ヒトの遺伝子情報をつくっている全DNAのうち、タンパク質をつくるために働いているDNAはわずか二パーセントです。九十八パーセントという大部分のDNAは、何をしているのかわかっていません。すなわち、多くの遺伝子は眠っているわけです。

ということは、眠っているいい遺伝子のスイッチをオンにして、起きている悪い遺伝子のスイッチをオフにすることができれば、私たちの可能性は何倍にも大きくなるはずです。

いい遺伝子のスイッチをオンにすることで、環境がよくなり、こころがけをいい方向に変えることができ、自分のやりたいことをやれるようになれば、人はもっと幸せな人生を送れるのではないでしょうか。

さらにいえば、私は人さまの役に立つということも、いい遺伝子のスイッチをオンにするのではないかと考えています。喜びというものは、人に与えると増えるものです。それがものとは違うところです。なぜならば、自分だけで喜ぶよりも、家族で喜び、そして多くの人とともに喜ぶことで、いい遺伝子のスイッチがオンされるのです。

繰り返すようですが、サムシング・グレートにとって、すべての生きものは自分の子どもです。一人だけを贔屓《ひいき》するはずがありません。たとえば、私たちのＤＮＡは、九十九・五パーセント以上、同じＤＮＡを持っています。

ノーベル賞級の学者も普通のおじさんも同じなのです。そう考えると、自分の可能性を信じたくなりませんか。私たちすべては、いい遺伝子のスイッチをオンにすることで、自分だけの花を咲かせる可能性を持っているのです。

こういう話を若い人にすると、「先生の話はスマップの歌に似ていますね」とからかわれるのですが、まさに彼らの歌のとおりなのです。

すなわち、私たちは、人と比較するために生きているのではなく、自分の花を咲かせるために生きているのです。そのために、こんなに多くのＤＮＡを持っているのです。ですから、「スイッチをオンにすること」イコール「誰もが自分の花を咲かせる可能性を持っている」というわけなのです。

いのちのない物質・DNAがこころを持つように働く

宇宙の始まりである「ビッグ・バン」については素人ですが、聞くところによりますと、非常に小さな一点から約百三十七億年前にはじまったといいます。そうすると、私なりの素人考えでは、生物も物質もすべて、ある一点に還元されるはずだと思っています。

なぜならば、宇宙から生物を考えたとき、すべての生物は同じ遺伝子暗号解読表を使っています。ということは、まず原点が一つあったわけです。そうすると、すべての生きものは、DNAでつながっているといって間違いないのではないかと思うのです。

そして、もう一つの問題点は、細胞にいのちがあるのかということです。これに関しては、いのちとは何か、こころとは何かということがいまひとつわかっていませんので、あるともないともいえません。

ただ一ついえることは、遺伝子というものが明らかに物質だということです。物質ですから、遺伝子にはいのちがありません。しかし、利己的遺伝子と利他的遺伝子などというように、ある働きは示しています。

そうなると、一種のこころのようなものを持っているといえなくもありません。こころがなければ、利己も利他もないのですから。つまり、遺伝子は物質なのに、利己的とか利他的というふうに思われるような働きをしているわけです。そうしますと、細胞にも利己的細胞や利他的細胞があるように思えてきます。

たとえば、がん細胞です。がん細胞は自分のコピーをつくって、ほかの細胞の迷惑などまったく考えません。自分だけ大増殖して大金持ちになります。そして、周りの細胞がダメになり、臓器がダメになり、個体そのものが消滅するところまで増殖をやめません。

そこで、自分自身も死に絶えてしまうのにです。このようながん細胞の行為を見ていますと、がん細胞というのは、非常に利己的だなと思います。

しかし、ほかの細胞はどうでしょう。自分以外の細胞を助けながら、臓器を一生懸命に働かせています。その働きを見ていますと、遺伝子が利己的にも利他的にも見えてきます。すなわち、細胞は物質ではありますが、こころのような働きをしているわけです。

私の話は、このように、科学者らしくない話になっていくことがとても多いのです。でも、自分ではほかの科学者に先んじているつもりですので、ご勘弁いただきたいと思います。いのちというものを考えていきますと、そうならざるをえないのです。

日本が世界に誇れるすばらしい思想「おかげさまで」

「お元気ですか」「はい元気です。おかげさまで」、「その後お具合はいかがですか」「はい、すっかりよくなりました。おかげさまで」という会話は、かつての日本では日常茶飯事でした。この「おかげさまで」という言葉は英語に訳すことができません。アメリカの人に「おかげさまで」と言ったら、「誰のおかげか」という質問が返ってくるでしょう。

私たちが「おかげさまで」と言うとき、私たちは、「誰のおかげ」ということまではあまり考えずに口にしています。あらためて考えてみれば、何かわからない漠然とした大きな力ということになるのでしょうか。私の言う「サムシング・グレート」です。

今の日本で、私がもっとも「おかげさまで」を感じるのは、伊勢の神宮です。私がイネの遺伝子暗号解読をしていて、「おかげさまで」成功したとき、伊勢の神宮に参拝しました。

伊勢の神宮の神事が、すべて稲作と深く連動していることが、参拝した理由なのですが、そのとき大宮司にお会いしました。大宮司に「おかげさま」の原点を見る思いがしたのは環境がその大きな理由だと思います。

すなわち、あそこは、森と川に囲まれて、自分でタネを蒔《ま》いて田植えをしてという、自然と共生し自然を尊敬するという生活態度がずっと守られているところです。

そこには、「おかげ横丁」とか「地酒おかげさま」とか、「おかげさま」という言葉がありました。そういう生活がまだ残っているわけですが、考えてみれば、日本人のほとんどが、二千年も二千五百年もそういう生活をしてきました。

日本人は、豊かな自然に恵まれたために、「おかげさま」ということで生きてきたのです。身近に、サムシング・グレートの存在を感じていたのではないでしょうか。

世の中に、自分だけの力で生きている人など一人もいません。太陽がなければ、地球がなければ生きてはいけないのです。しかし、残念ながら、現代人はこの「おかげさま」という精神が希薄になりつつあるようです。

自分の力で生きていると思ってしまっているのです。サムシンググレートという目に見えないものへの尊敬心は、戦後次第に失われてきたような気がします。

しかし、二千年以上も培《つちか》ってきた思想は、日本文化の遺伝子として日本人の中にあるはずです。これをスイッチオンすることができるなら、日本の国はまだまだすばらしい国になる可能性を秘めていると私は思っているのです。

「いただきます」の意味がわからなくなっている親と教師

欧米の多くの家庭では、今でも、食前にお祈りをする習慣が残っています。しかし、それは、日本人が食事をするときに、「いただきます」と言うのとはずい分意味が違っています。あちらの人は、もっぱら、今日の糧《かて》を与えてくれた神に感謝するのですが、日本人の場合は、食べものになってくれたいのちに対して感謝し「いただきます」と言うのです。つまり、何をいただくのかといえば、他の動植物のいのちなのです。ですから、日本人は他の動植物に対して「いただきます」と言い、それを育ててくれたお百姓に対して「いただきます」と感謝するわけです。

こうした習慣から、私たちは、いのちというものの大切さを知らず知らずのうちに、頭にもこころにも、からだにもしっかりとインプットされてきました。

ですから、人を殺してはいけないことぐらい自明の理であって、どうしてそれがいけないのかなどという質問が出るはずもなかったのです。

ところが、現代の日本では、殺伐《さつばつ》とした事件が毎日のように報道されています。とりわけ、青少年による犯罪の続発にこころを痛めているのは私だけではないでしょう。

こうした事件の背景には何があるのでしょうか。そこには、「なぜ人を殺してはいけないの？」という質問に象徴される社会の荒廃があります。学校の先生や親にそれがわからなくなっているのです。

たとえば、給食の時間に「いただきます」と言うことに対して、「なぜいただきますと感謝しなければいけないのですか。うちはちゃんと給食費を払っています」と抗議してきた親がいるそうです。多くのいのちに感謝することを教えられない親も情けないと思います。しかし、それに対して毅然《きぜん》と答えることができない教師はもっと情けないと思います。「いや、昔からこういうことは言ってきましたので……」などというあいまいな説明では、こういうおかしな親を説得できなくて当然です。

もう一度原点に立ち返って、前項で申し上げた「おかげさま」というすばらしい遺伝子を持った民族に立ち返りたいものです。

そうでなければ、いつまでたっても、なぜ人を殺してはいけないのかを教えなければならない悲劇は終わりにならないのではないでしょうか。

「死」は宇宙からの「借り物」を宇宙に返すこと

たとえば、包丁で指先を切ってしまって血が出たとき、傷口には新しい皮膚が覆《おお》ってくれて、傷は癒えます。つまり、新しい皮膚が生まれて古い皮膚は死んだわけです。

このように、生物学的に、あるいは私の専門の遺伝子学的に見ても、生と死はペアになっています。私たちのからだは、生まれて死んでの繰り返しをめまぐるしくしていて、死ぬべき細胞は見事に死んでいます。

細胞には、プログラム死というのがあります。それが見事に死んでくれるからこそ、新たに生まれた細胞は見事に生きているのです。そして、見事に生きたからこそ、また見事に死ぬことができるのです。

つまり、細胞の遺伝子の中には、生きるためのプログラムと死ぬためのプログラムがはいっています。ですから、生はいいけど、死はダメというのはムリな話なのです。とくに、自分だけは死にたくないとか生きていたくないとかといっても、それは絶対にできません。そういう意味では、生も死もきわめて自然な当たり前の現象といえるでしょう。

そしてもう一ついえることは、この世の中にあるすべてのものは、宇宙からの借り物だということです。皆さんは「これは私の家です」とか「これは私の財産です」「これは私の家内です」と、「私の」という所有名詞を使って、自分の所有権を主張します。しかし、ほんとうにそうでしょうか。唯一自分のものに思える自分のからだですら、自分のものではないのに、私の家、私の財産などといえるものでしょうか。

自分のからだは自分のものだと思っている人に、私は、「ご自分のからだを分解してみれば、元素にぶち当たるのですよ」と申し上げたいのです。この元素、じつはすべて地球の元素です。地球の無機物を植物が摂取して、それを動物が食べて、そのおかげで私たちは生きています。ということは、私たちのからだは、地球の元素を借りているにすぎないことになります。すなわち、宇宙からの借り物なのです。

その証拠に、全部返さなければいけないことになっています。死亡率は百パーセントなのです。そのように考えると、「死」とは、宇宙からの「借り物」を返すことだと思えるようになるのではないでしょうか。

サムシング・グレートという大きないのちから誕生して、この世に、ある期間だけ存在し、やがて大きないのちのもとに返る、それが「死」であろうと、私は考えています。

サムシング・グレートのからだを汚していいのか

かつて、私たちが子どもだったころ、日光浴が大事な健康法でした。不足しがちなビタミンDを摂取すると、骨の発達を促すといわれたのです。

ですから、母親たちは、医者や保健婦さんから、赤ちゃんには一日に一回は日光浴をさせましょうとアドバイスされたものでした。ところが、いつのころからか、オゾン層の破壊により、紫外線は人間のからだに害を与えるものになりました。

日光浴はおろか、UVカットの衣服に身をつつまなければ、外出もままならない時代になっていきました。オゾン層破壊に手を貸したのは誰でしょう。人間です。

そして、先進国による二酸化炭素の無節操な垂れ流しは地球温暖化を生みました。地球温暖化は、地球のありさまに大きな打撃を与えています。たとえば、山には雪が降り、川には水があふれていたアフガンの井戸を枯れさせたのです。昨今の異常気象も無関係ではないでしょう。こんな地球にしたのも人間です。

そして、自分が生きている間だけなんとかなっていれば、あとは地球がどうなろうと関係ないとうそぶく人間も多くいるようです。しかし、前述のように、ヒトがサムシング・グレートという大きないのちから生まれ、またそこに帰っていくのだとしたら、もしかして、再び地球に戻される可能性があるのではないでしょうか。

そのとき、地球がなくなっていたら、私たちは生きる場所をなくすことになります。そんなバカなと思わないでください。なぜならば、私たちのからだがなくなったら、炭素は炭酸ガスとなって地球中に広がっていきます。

炭酸ガスは樹木が摂取して、樹木は酸素を放出して人間のもとに返ってくるわけです。つまり、まさに循環しているのです。

そう考えれば、いのちは循環しているといえると思います。私は、「生」とか「死」とかというものを、そういうふうにとらえたいと思っているのです。

地球や宇宙は、サムシング・グレートのからだとも考えられます。すなわち宇宙を傷つけることは、サムシング・グレートのからだを傷つけることになり、その結果、私たちや私たち子孫も傷つくのです。また、サムシング・グレートから生まれた私たち一人ひとりのいのちを輝かすことが、サムシング・グレートの想いにかなうのではないでしょうか。

いずれにしても、地球を汚してはならないという結論に行き着くはずです。

奇跡的なかけがえのないいのちを大切にしよう

どうして、いのちはかけがえのないものなのか。その理由を私は二つの観点から申し上げたいと思います。

一つは、私たちが生まれてくる確率の問題です。私たちが生まれてくるためには、まず、精子と卵子が合体して受精卵にならなければなりません。この精子ですが、一日になんと五千万から数億個という膨大な数で生まれています。

そのなかで受精卵になれるのはたったの一個か二個、二個は極めて稀《まれ》です。しかも、精子を受け入れる卵子は、月に一個ないし二個しかできません。そのとき性行為がなされなければ、その卵子はむなしく体外に出されてしまいます。

ですから、受精卵になれる可能性はさらに低くなるわけです。さらに、一個の受精卵から、両親の遺伝子が組み換えられて生まれてくる確率は七十兆分の一です。つまり、私たちは、両親から七十兆分の一の奇跡で生まれてきたのです。エリート中のエリート、選び抜かれて生まれたといえるでしょう。

精子でいた状態を覚えているわけでもなし、そんなことを言われても何の実感もわかないと思う方もいるかもしれません。しかし、だからこそ、想像力を働かせて、激しい競争を余儀なくされている精子の気持ちになってみていただきたいのです。

そしてもう一つは、いのちの長い歴史に思いを馳《は》せていただきたいということです。歴史的に見ますと、私たちの遺伝子は、三十八億年前にさかのぼることができます。

宇宙にビッグバンが起きたのは、約百三十七億年前とされています。そして、急激に膨張した宇宙は、その過程でいろいろな元素が合成され今の姿になりました。そしていのちらしきものが誕生した三十八億年前からの長い間、わたしたちのいのちは一度も途切れることなく、連綿といのちをつないできたのです。もしどこかで途切れていたら、今の私たちの存在はありえません。

この二つの観点、確率から見た誕生の奇跡、歴史的に見たいのちのつながりを思い出すことで、自分のいのちも他人のいのちもかけがえのない大切なものだということを知っていただきたいと思うのです。

とくに、若者や子育て中の若いお母さんに知ってほしいというのが、私のこころからの願いです。

第3章

統合医療……伝統の知恵と近代医学の融合

渥美和彦／あつみ・かずひこ

東京大学名誉教授。日本統合医療学会理事長。東京大学医学部卒。東京大学医学部医用電子研究施設教授、鈴鹿医療科学大学学長、日本学術会議第七部長などを経て現職。米国レーザー医学会賞などを受賞。『統合医療への道』『代替医療のすすめ』『自分を守る患者学』など著書多数。

「いのり」の時代から、医学の時代へ

今から約三百万年前といわれていますが、人間が地球に出現したころでも、やはり人々にはさまざまな病気、あるいは事故、災害、飢えといった苦しみ・悩みがありました。もちろんそのころは科学もありませんし、医学もありません。

人々はこうした苦しみは「神のたたり」と考えて恐れ、それを回避したり軽くするには、「祈る」しかありませんでした。

つまり、人々にとって「祈り」というのが非常に大きな癒しだったのです。

その意味では、当時の病にとって、宗教が大きな貢献をしたと考えられます。

その後、四、五千年前に、インドのアーユルヴェーダ、中国の中国医学、イスラムのユナニ医学などの伝統医学が生まれます。

この三大医学が、アジアから生まれたということが大変重要なことで、医学はヨーロッパから起こったと思っている人が多いのですが、じつは医学の起源はアジアだったのです。

これらのアジアの三大医学を起源とした伝統医学が、ローマやギリシャを経てヨーロッパ

に伝わり、西洋医学になったのです。

この西洋医学が、医学の歴史にとって大変大きな貢献をしてきました。今日、われわれが日々接している医学は、この西洋医学の展開によるものです。

こうした医学の近代化は十九世紀の終わりころ、今から百年ちょっと前のことです。消毒や麻酔の技術、血液型などが明らかになり、外科手術が行われるようになりました。そして、X線の発見などにより病気の診断もすすみました。そして一気に医学は近代化の道を歩み、心電図や血液分析、あるいは抗生物質なども出てきました。

さらに、現代の医学の発展は、じつに目覚しいものがあります。

超音波とかＣＴ（X線画像）、ＭＲＩ（磁気共鳴画像）といった測定技術から、遺伝子工学、再生医療・ロボット医療など、医学の最先端はどんどん進化しています。

そうした近代化の流れの一方で、医学の起源である伝統医学、アジア医学などの見直しの機運も高まり、医学の将来像として、東洋と西洋、伝統と先端などの境界を取り去る「統合医療」の考え方がクローズアップされてきたのです。

この最新のトピックスである「統合医療」の観点から、「いのち」の問題を考えてみたいと思います。

統合医療の基本は心身のコントロール

近年、外科的医療や投薬などの科学的療法中心の西洋医学だけでは、完全には病気を治療できないという考えが徐々に広まり、それとともに、全人的視野に立った伝統医学を見直す風潮が高まっています。

おそらく、未来の医学は、西洋医学の最新の科学的知識と、伝統医学や代替《だいたい》医療を統合的に融和した「統合医療」が主流になることでしょう。

西洋医学は、近代的なデータに基づいた統計学的な医学という一面を持ちます。

たとえば、「たばこを吸う人はガンになりやすい。ヘビースモーカーの三割は肺ガンを引き起こす」という情報は、何十万というデータを解析して導き出した数値です。

しかし、その反面、ヘビースモーカーでもガンにならない人がいるのも事実ですし、たばこ嫌いでまったく吸わない人でも肺ガンになることがあります。

つまり、いくら科学的に精密にデータ分析をしても、説明できないことがあるということです。

これまでは、統計学的に多い部分に注目して治療方針を立ててきたのが西洋医学のやり方でした。しかしそれだけでは、どうしてもフォローできないことがあるのも事実です。そこで、データだけでは測れない部分について、長い経験を活かして足りない部分を補い、代替するような医療が重要視されるようになりました。

そして、最先端技術を誇る西洋医学と、患者個々に検討した伝統医学や代替医療を適切に組み合わせた「統合医療」によって、精神面にも日常生活面にも、細やかに気を配るようになったのです。

その「統合医療」を貫いているのは、「心身のコントロールとバランスが大事である」ということです。

後にも述べますが、かつて、こころとからだは別ものと考えられてきました。

それがじつは表裏一体をなすものであるとわかってきた現代、外科や内科の治療だけしか考えていなかった西洋医学を脱して、からだの治療と同じくらいの比重で精神面でのサポートに取り組まなければならないのだと、人々は自覚しはじめています。

こうした時代の要請とも相まって、これからは、必然的に「一個人に注目したよりよい医療」というスタンスが尊重されるのではないでしょうか。

世界的な潮流になっている「こころとからだの全体医学」

一般に、日本人にとっては「心身には密接な関係がある」という考え方は受け入れられやすいようです。ずっと昔から精神世界を尊重してきた歴史が、日本の風土として根づいているからでしょう。

日本だけでなく、伝統医療の発祥の地であるアジア東洋地域では、「こころ」を「からだ」同様に大切にしてきました。

また、かつて精神と肉体を別ものとする二元論的な考え方が主流だった西洋でも、最近は「からだの治療だけでなく、心身のコントロールこそが重要だ」という認識が広がってきています。これは、まことに画期的なことだと思います。

こうして重要性が認識されてきている「こころの医学」は、カウンセリングやイメージ療法、催眠療法など施術者や相談者が患者と相対する医療、音楽療法やヨガ、ダンス療法など不特定多数の人々とリラックスして楽しむもの、笑いやユーモアで発散させるもの、芸術療法のように自己の内面に向き合うものなど、さまざまな方向性を持っています。

日本では、一九八八年に臨床心理士資格が認定されるようになり、こころのケアという面がますます重要視されるようになりました。世界中の動きを見ても、西洋医学の枠を超えた医療が見直されてきています。

また、ＷＨＯ（世界保健機構）は、「健康」を次のように定義しています。

「健康とは、完全な肉体的、精神的及び社会的福祉の状態であり、単に疾病または病弱の存在しないことではない」

これは、第二次世界大戦後に六十一カ国の国々が署名して発効されたものです。この精神が発展途上国でも尊重され、先進諸国以外でもこころの問題に取り組んでいることは評価すべきことだと思います。

さらに最近では、健康の定義について見直しをはかり、スピリチュアル（精神性、霊性、魂）という単語を入れようという動きがあるようです。世界をあげて、「健康には精神性が密接に関与している」と明言するようになったということです。

こころとからだは一体であるというＷＨＯの精神にのっとり、バランスの取れた「健康」を考える時代になったということでしょう。

このように、代替医療や統合医療は、世界各地で価値を認められるようになっています。

チベット医学にスピリチュアル医療の真髄を探る

アメリカのみならず、欧米諸国全域で、ここ数十年のあいだにリラクセーション、イメージ療法、マッサージ、アロマテラピー、ユーモア、鍼《はり》治療などのCAM（Complementary and Alternative Medicine＝相補・代替医療）が注目されはじめ、今ではこれらを融合した統合医療が本流になりつつあります。

アメリカなど、最先端の医学をやっている国が、なぜこのCAMのような方向へ進んだのでしょうか。一昨年などの情報では、人々が今いちばん大事にしていることを調べた報告でベスト二十のトップが、スピリチュアリティ、祈り、瞑想《めいそう》でした。二番目からがサポート、リラクセーション、ハーブ、イメージ療法、鍼・指圧、ユーモア、アロマテラピー等々、まさに今アメリカで代替医療として使われているものが並びました。

医学の最先端を行くと思われるアメリカでも、今いちばん重要視されているのは「スピリチュアリティ」、すなわち、いかに生きるかという魂の欲求や、祈りや瞑想に癒しを求める精神性、愛情、自己啓発、自己回帰などだといわれているのです。

そこで私は、医療とスピリチュアリティの密接な関係を調べようと、チベットを訪れました。宗教的医療、精神的医学の深みは、チベット医学から学べると思ったからです。チベットでは、まさに千五百年ほど前からの宗教的な医学書が、現在も尊重されていました。『タンカ』と呼ばれる医学絵巻には、「健康とはいったい何か、いのちとはいったい何か、病気はどうして起こるのか」といったことが連綿と書かれています。

また、チベット医学では、精子の一つにさえも先祖の霊が宿って受精に至るという考え方があります。生まれ来るいのちには、人間の力では動かしがたい大きな神の意思の存在が感じられ、それが、生命や自然を大切にする風土が育っていくといえるのです。

さらに、チベットの医者は、多くは宗教的修行を積んだ人です。大勢の子どもが幼いころから寺院で修行を積み、将来性のある見識を持った者が医者として選ばれるといいます。つまり、病気を治す人は、まず「人のこころを支える人」「他人をサポートできる人」でなければならないというわけです。

宗教的修行を積んだ医師に、「医療のもととなるものは何ですか」と尋ねると、「人間に対する奉仕のこころです」という答えが返ってきました。病を治す医療についてというよりも、もっと奥深い精神的なものについて教えられたような気になったものです。

こころが病を治すのは果たして「奇跡」なのか？

このように、いのちは、信仰によって尊いものとして崇《あが》められ、神の存在を感じ、計り知れない力を信じるという素地《そじ》につながっていきます。

するとそこでもうひとつの考え方として、そういったこころの状態、たとえば信仰が、人間の健康状態にどんな影響を与えるかというテーマが浮かび上がってきます。つまり端的に言えば、「信仰によって病気が治るのか」という問題です。

その問題の典型的な例は、いわゆる「ルルドの泉」でしょう。私も実際に行ってみましたが、そこには次のような逸話が伝えられています。

十九世紀中ごろ、フランスのピレネー山脈のふもとの小さな村に、一人の貧しい少女が住んでいました。この少女の母親は目が見えないので、何とかその目を治したいと少女が一心に祈っていると、聖母マリアが現れて、「ルルドの泉で目を洗いなさい」と教えられます。そこで少女は、母親をその泉に連れて行き、マリアに言われたとおり泉の水で目を洗うと、不思議にもたちまち母親の目が治ってしまったというのです。

この逸話から、不治の病がよくなるという噂が高まり、今では、年間約三百万人あまりの観光客が訪れる名所になっています。私が行ったときは、すでに秋の終わりで人は少ないほうでしたが、泉の奥に沐浴《もくよく》できる場所があり、ボランティアの人が病人のからだを支えてこの水に入れていました。水に入ってお祈りをするので、非常に冷たい体験でしたが、出た後は大変いい気持ちになるというものでした。

ただ、これで救いを求める人が、どれだけ実際に救われるのかというと、すべての人に「奇跡」が起きるというわけにはいかないようです。ルルド医学協会の発表でも、この百二十九年間に数千万人が沐浴し、明らかに効果が認められたのはたった六十六人程度というデータもあります。

つまりこれは宗教的な「奇跡」ではなく、数は少なくとも実際に現代医学では不明な理由で、「信仰によって病が治る人がいる」ということでしょう。当地の教会関係の医師は、「この治癒の原因は水ではなくて信仰なのです」と語っていました。

「病は気から」という言葉もあるように、人間の健康とこころの状態が密接な関係にあることは明白です。スピリチュアルなものを、医療の分野でも無視できないという認識は、今日もはや常識になりつつあるといってもいいのです。

日本だけが医療鎖国ではもう世界には通らない

前項で見てきたように、代替医療や統合医療を推進する潮流は世界的に高まっていますが、残念なことに、日本には、最新の医療に固執する傾向がまだまだ根強く残っています。

その主たる原因は、わが国の医療技術の高さに依存しすぎていることと、健康保険制度にあると考えられます。というのも、日本の保険は、ごく一部的には漢方の医療にも適用されますが、ほとんどが西洋医学に基づいた治療を保障するものだからです。

患者は保険医療に頼って当然ですから、わが国では実質、医療に対する選択権はほとんどなく、また、医療者側にも、ほかの医学を適用する知識がありません。

それに加えて、今日までの日本の医療教育が西洋医学しか教えてこなかったという、決定的な欠陥も厳然としてあるのです。

つまり、日本国民が統合医療を安心して受けられる素地《そじ》が、どこにもないのです。

これが、医療現場での精神的サポートの遅れを生み出しているわけですが、政府も厚生労働省も、そのことをあまり理解していないと思われます。精神世界を受け入れやすい風土を持ちながらも、日本はまだまだ技術志向・科学志向が根強いのです。

一方、高い医療技術を誇るアメリカでは、すでに前述のようにCAM（相補・代替医療）という言葉が当たり前になっています。

アメリカのNIH（National Institutes of Health）という、世界的に研究の質も高く、かつ大規模な国立の衛生研究機関が、十数年前から、西洋医学だけに頼らない代替医療を、いくつもの分野に細分化して調査・研究を進めているのです。

そこで研究されている医療は、アジアの伝統医療をはじめ、食事や栄養面からライフスタイルを見直す療法、薬効のある食材を使った栄養サプリメントや薬草学、指圧やマッサージなどの用手療法、運動療法、タッチ療法、あるいは気の流れや磁気を利用したり、さらにリフレクソロジーやリラックス法など、多岐にわたります。

代替医療、統合医療の急先鋒を切っているアメリカをはじめ、世界の流れが統合医療に向かうなか、日本は鎖国状態ともいえそうなほど、技術のみにすがっているように思えてなりません。

もっと患者、医師がともに意識を高く持ち、治療の選択肢が広がるような環境をつくっていくべきではないでしょうか。

私は宇宙との一体感を現実に体験した

私は長く最先端医療の研究をしてきましたが、いくら医療技術が発達しても、人のこころが潤《うるお》う治療をしなくては意味がないと思うようになりました。

からだが健康になる、生活に喜びがある、人との絆《きずな》が感じられる、自分が社会に必要とされている、というように、こころも満たされてこそ真の健康なのです。

「それこそが統合医療のあるべき姿だ」と気づいたのは、十年以上前の早稲田大学七十周年祭のことでした。

ロボット研究の父である故加藤一郎教授と、分子生物学の大家である渡辺格氏と、「いのちとは何か　生命科学はどこまで進むか」というテーマで討論することになったのです。

いきなり「神は存在するか」という議論で盛り上がり、「する」と主張し続けた私と、「しない」と主張し続けた渡辺氏は、最後まで歩み寄ることはありませんでしたが、「生命を論ずることは神の存在に非常に密接している」ということを、私は痛感しました。

さて、私は、宇宙との一体感を肌で感じて、偉大な神の存在を確信したことがあります。

それは、中央アジアのサマルカンドで国際レーザー医学会に出席した夜のことです。回教徒の寺院で開催されたレーザーショーが光の輝きをふっつりと止めたとき、一瞬にして暗闇に広がった満天の星空が自分に迫ってくるのを感じ、私は声も出ませんでした。「私はいったい何ものなのか。なぜここに立っているのか。植物でも動物でもなく、人間として、何のためにここに存在するのか。日本人として、一人の人間として、これからどこへ行くのか、何をなすべきなのか」

こんな疑問がふつふつと胸にわきだして、大宇宙に生かされているチリのような存在である自分というものを、はからずもかみしめてしまったのです。

そして、何かとてつもなく大きな力、まさに村上和雄先生の言うサムシング・グレートの存在を肌で感じたのです。このような体験は、宇宙飛行士も経験するようで、価値観が変わり、伝道師に転向する例もあるといわれています。

こうして宇宙に抱かれるような不思議な充実感を感じて以来、私は、科学を超えたものが実在するのだと確信するようになりました。

科学がいくら進歩しようとも、生命の神秘はもっともっとさらに計り知れないところにあるのではないかと思えてきたのです。

精神世界を軽視するようになった戦後日本

自分以外のものに対する畏敬《いけい》の念と全体への連帯感が、スピリチュアリティであるとするなら、目に見えないものを信じるこころこそ、癒しに通じるのだといえそうです。

ところが、現代日本ではスピリチュアリティという概念が忘れられがちなのです。傲慢《ごうまん》な利己心で利益しか追求しない資本主義社会では、こころの癒しを見いだすことは難しいのかもしれません。

戦後の日本では、無宗教といわれるくらい精神世界が軽視されてきたように感じます。神仏に祈ったり先祖を奉《たてまつ》ったりしたのは昔のことで、核家族化が進むと同時に仏壇は家庭から姿を消し、地域の祭事や行事も少なくなり、生命や大自然に対する畏敬の念も失ってしまったかのようです。

私が子どものころは、「うそをつかない」「他人に迷惑をかけない」「いのちや食べものを粗末にしない」「ご先祖を敬い、年上の人の言葉を尊重する」といった教えは、学校でも家庭でも共通であって、しつけの根底をなすものでした。

そして、「うそをついたら閻魔《えんま》さまに舌を抜かれますよ」「悪いことをしたら雷さまがおへそを取りに来ますよ」「誰にも見られていないと思っても、いけないことはお天道《てんと》さまが知っていますす」……。

こんなふうに人の目には見えない不思議な力があること、そして、それを畏《おそ》れ敬うこころを繰り返し教えられたものです。

ところが現代日本では、そのようなことを言う親はどこにもいません。

子ども時代、親から繰り返し聞かされる価値観は、「しっかり勉強して、いい学校へ入りなさい」の一言に集約されているのが現状です。

家族の一員として家事の手伝いをしたり、近所の子どもと遊んだりすることなど、無駄なことだと片づけられた合理的・個人主義の社会になって久しいのです。

資本主義の歯車の一つにはめ込まれるように、画一的に、かつ効率的に教育されるシステム。物質や経済を最高目標とする価値観の普及。

これでは、自由な発想の下に、社会の幸福と、人類の未来を考える若者が育つはずがありません。

物質と情報の時代は、目に見えないものの価値を見失いやすい

このようないわば「スピリチュアリティが高く評価される時代」にあって、わが日本はどんな状況にあるでしょうか。

残念ながら、子どものときからスピリチュアリティと無縁な生き方を強いられてきているような気がします。

とくに教育という観点からは、「価値観」というものが非常に重要だと思います。

たとえば、いわゆる文化革命が中国で行われ、それが日本に来て、東大紛争などの大学紛争になりました。

私はまさにその第一線にいましたが、価値観の相違ほど恐ろしいものはないという体験を、この大学紛争ではとことん知らされました。

なぜこんな価値観の断絶が起きるのか。それはやはり、戦後のわが国の経済発展に起因すると思います。

経済発展があったがゆえに、こうした価値観の変化が目立ってきた。つまり、戦後の物も金もない窮乏時代には、「物を生産する」ということが、生き延びるための第一の価値観だったのです。

そのために物、物という、物に対する執着、物質主義の価値観が非常に強くなり、精神的なものを軽んずる価値観が、はびこるようになってしまったのです。

そしてもうひとつ、日本人の価値観から精神性が失われた原因は、情報化だと思います。情報化が進んだため、権威だとか秩序が破壊されて、個人個人の時代になりました。と同時に、自由だとか個性ばかりが強調され、義務や責任がないがしろにされる無責任時代になってしまいました。

物や情報という物量に圧倒されて、教育や宗教も影が薄くなっています。この物と情報に対する価値観。これが今の「目に見えないものへの畏れ」を失わせてしまったのだと思います。

たしかに経済成長があったので日本は発展しました。しかしそのために、失うべきでないものを失ってしまったというのが、現在の日本を支配している価値観なのです。このような価値観への反省が見られるようになったのは、ひとつの進歩でしょうか。

死に打ち克つ強い意志を持つと死なない

私が医者をしていたころは、いろいろな生死に立ち会ってきました。

外科医をしていましたから、毎日のように人の死に向き合わなければなりません。人のいのちのはかなさを実感する反面、人間の強さにびっくりすることも多々ありました。

というのは、「もう手の施しようがないから、自宅で療養していただくほかない」と、短い余生をのんびり過ごしてもらおうとしたところ、細々といのちの灯をともし続けて、いつまでも静かに生きておられるということも、何度かあったからです。

また、「この人は助からないだろう」と思っていたら、意外にも快復されて大手を振って退院されていくという場面にも巡り合いました。

人間とは、弱そうで強いのだと思い知ったり、強そうでももろいのだと実感したり、じつに不思議な存在であることは間違いありません。

また、私自身も生死にかかわるような心臓の手術を受けたときがあり、そのときには、やはり「人間の強さ」を、身をもって知りました。

心筋梗塞の直前の状態で異変が見つかり、四本の血管をつなぐ冠動脈バイパス手術という大手術になりました。

太い管を何本もつないだままの私に向かって、担当医は、「一カ月は安静にしておかないといのちの保証はありませんよ」と釘を刺したのですが、私はどうにも死ぬ気がしなくて、一週間で病院を抜け出して京都まで出向き、講演をこなしてしまいました。

さすがに講演中は貧血のため、眼の前が真っ白になりましたが、自分が死ぬという予感はまったくなかったので、なぜか安心していました。

いろいろな死を見てきましたが、案外、死なないと感じている人というのは、その直感が正しいのではないかという思いがあります。

難病を克服した人の体験談などを聞くと、いつも決まって「私が死ぬわけがない」という確信と、「こんなことで死んでたまるか」という不屈の精神が、こころの奥底にあるような気がします。

人体の不思議さに、これまでにも何度か唸《うな》らされてきた私ですから、「死ぬまい」という意識こそ、いのちをつなぐ切り札ではないかと思えるのです。

「一期一会」を思い、今を大事にする

大きな病気を患《わずら》ったり事故に遭ったりすると、生の大切さを実感するというのはよく言われることです。私の場合も、大きな手術をしたおかげで、少なくともこれからの余生について考える機会を得たことは、とても貴重な経験でした。

「限られた時間」「終わりの見えた人生」を深く振り返ると、毎日がとても大切になってきたのです。

「もう会えないかもしれない人」と過ごす時間は、とても濃密な大切な思い出になるでしょうし、「もう二度とここへは来られないかもしれない」と思えば、その場所は離れがたい地になることでしょう。

限界を感じたときにはじめてその貴重さを痛感するとは皮肉なものですが、やはり死があるからいのちが大切であり、終わりがあるから今を精一杯過ごそうと思うものなのです。

健康であるうちは、そんなことはめったに考えないのでしょうが、いざ、いのちの終わりをかいま見てしまうと、突然、世界が変わって感じられるものなのです。

よく大事故で奇跡的に命拾いした人などが、事故のあと、人生に感謝して、以前にまして真摯《しんし》な生き方をするようになったという例はよく聞きます。

一度死んだ人生だから、もっとしっかり生きてやろうとか、拾ったせっかくのいのちだから自分のためでなく、人のために使いたいなどと、考えることもあるでしょう。

そんな謙虚な気持ちや、いのちを大事にする気持ちがあれば、治療にも療養生活にも真剣に取り組むでしょう。

その結果、とても以前のような生活には戻れないだろう、半身不随か障害が残ると言われたような人でも、立派に立ち直ることは多いのです。

死を身近に感じることは、現在をより充実して生きることにつながると言っていいでしょう。大病や事故は不幸なことですが、それによってあとの人生をより濃く生きるというのは、とてもすばらしいことではないでしょうか。

一期一会《いちごいちえ》という言葉がありますが、「これが最後」と思えば、何事も輝いて見えてくるものです。私は毎日を感謝と慈しみでいっぱいに生き、とても充実しています。

死の影を感じることの効用は、生を色鮮やかにしてくれるというメリットがあります。

今一度、あなたも自分の人生やいのちをじっくりと考えてみませんか。

五十年後の地球を考え、いのちの大事さを実感する

私は、日本学術会議の特別委員会で委員長を務め、生命科学の進歩について討論を重ねてきました。そのなかで、どうしても言及しなければならない問題があったのです。

それは、地球の将来についてです。

五十年後の地球を語るとき、「果たして地球はどんな環境下にあるだろうか」という懸念が頭を離れず、「このままでは地球は滅びる」と言わねばならないのか、といつも暗い気持ちでいっぱいでした。

地球の将来はけっして楽観できるものではありません。

資源の枯渇、環境汚染、発展途上国の人口爆発と食糧不足、オゾン層の破壊による生命維持の危機など、どれも深刻な問題です。

地球が直面している大問題を世界へ呼びかけて、その対策を講じなければならないのですが、残念ながら、あいかわらず戦争や紛争やテロが地球上の各地で起こり、尊い人命や資源を失っているというニュースばかりが聞こえてきます。

それでもおそらく、私の存命中に地球が滅びるということはないと思います。

今を生きる人たちにとっては、自分のいのちのあるうちに地球が滅亡することがないのなら、とりたてて問題意識を持てないのも無理はないのかもしれません。

しかし、もっと地球の危機が現実化すれば、全人類の意識もいやおうなく高まることでしょう。このままでは、人類が何百年も何千年も子孫を繁栄させ続けることができるとは、どうしても思えないのも事実です。

それらを考えれば考えるほど、今現在が大切に思えてきます。

はやく手を打たなければ、地球を救えないのです。

もう間もなく生命の破綻《はたん》を迎えるかもしれない地球──数々の研究でその危うさを知っている者だけが、危機感を募らせ、地球を守ろうと叫んでいます。

この生きとし生ける地球が、悲鳴をあげているのがかわいそうで、いのちあるものたちが愛しくてなりません。

人類が一致団結して、地球の未来を考えるならば、戦争やテロはなくなるでしょう。

「この地球の危機を多くの人に伝えたい」と思うものの、いたずらに危機感を募らせることなく、よりよい地球のあり方を全世界で見直していかなければならないと思います。

第4章

二十一世紀の物理学でいのちに迫る

米沢富美子／よねざわ・ふみこ

慶應義塾大学名誉教授。京都大学理学博士。物理学者。京都大学助教授、慶應義塾大学教授などを経て現職。1996年、日本物理学会会長に女性として初めて選出される。「非結晶物質」国際諮問委員会委員。エイボン女性大賞などを受賞。『複雑さを科学する』『二人で紡いだ物語』など著書多数。

二十世紀の科学は、ものを細かくばらして発展した

物理学というと、「何か特別なもの」「難しいもの」という固定観念が世間に流布《るふ》しているように感じることがありますが、けっしてそんなことはありません。

物理学の勉強をしたことのない方でも、ニュートンの万有引力の法則やアインシュタインの相対性理論を聞いたことがないという人は少ないでしょう。

自然科学のもっとも基礎的な分野ともいわれる物理学は、じつは私たちにとって非常に身近な科学なのです。

その研究対象は森羅万象《しんらばんしょう》——非常に細かい素粒子《そりゅうし》から宇宙に至るすべての自然現象で、もちろんそのなかには「生命」をも含みます。

つまり、私たちの生活からかけ離れたものではなく、自然界に起こる現象やそれにかかわる物性を解明し、そこにある一定の法則を見つけようというのが物理学なのです。

これまで、研究のバックボーンとなってきたのは「要素還元論」といわれる考え方です。

これは、一見複雑に見える現象を諸要素に還元し、非常にシンプルなかたちでその性質を

説明しようとするものです。

まず、私たちが手に触れたり、目で見たり、あるいは物差しで測ったり、重さを量ったりできる「マクロな物質」を分解して分子に分け、さらに原子に分け、その原子を原子核と電子に分けることからはじめます。

そしてそれらを、陽子《ようし》、中性子《ちゅうせいし》、さらに最近注目を集めている究極の素粒子・クォークへと細分化して理解する手法を用いています。

いってみれば、階層として上のレベルにある物質から、物質を構成する基本的要素へと掘り下げていくことで、その性質を明らかにしていこうとするのが要素還元論なのです。

生物学も同様に、一つの物質について、階層を追って上から下へ、大きなものからより小さなものへという要素還元論的な方法で研究が進められてきました。

たとえば、生物個体を筋肉細胞や神経細胞などの細胞に分け、さらにタンパク質やアミノ酸に分解します。そうして究極の素粒子と考えられているＤＮＡ、遺伝子、あるいはゲノムと呼ばれるものへと細分化していきます。

こうして、ものを細かくばらして物質を解明していくことによって、二十世紀の物理学・生物学は大きな成果を収めてきました。

二十一世紀の科学は、「階層の下から上へ」を考える

日進月歩を続けてきた科学ですが、そのアプローチの方法は、時を経《へ》て新たな方向性を見せています。

今世紀に入ってからは、これまでの要素還元論とは逆方向である「下の階層から上の階層に向かって」――つまり、ある物体を多数の基本的粒子からとらえ、それが集まるとどのようなことが起こるかという研究が盛んに行われています。

本書のテーマは「いのち」ですから、ここでは、生命を対象としたライフサイエンスについて考えてみましょう。

一個体としての生物は、非常に細かい素粒子が集まって成り立っています。

人体を例にとれば、素粒子が集まって原子、分子になり、遺伝子やＤＮＡを構成しており、それらの集合体である生きた細胞組織が心臓や胃などの臓器をなし、最終的に生物としての人間をつくるのです。

ここでは、物質を上から下へと細分化するときにはみられなかった「創発《そうはつ》（emergent）」

という現象が起こります。

これは粒子が組織化する際に起きるもので、下の階層ではなかった性質が上の階層では現れ出ることを指します。これによって、物質は新たな性質を持つようになります。

一般的には「創発」という言葉はなじみがありませんが、「創」はオリジナルを意味し、「はじめて発生する」という意味の語として、科学の世界では共通の学術用語として使用されています。

階層を下から上へのぼっていくと、ある段階で、「生きている」という事実が「創発」されます。

具体的には、遺伝子などの高分子がたくさん集まって細胞組織となったとき、「生きている」という性質が発生します。

生きた細胞組織は、切り取ってシャーレに入れ、適当な温度と栄養を与えれば増殖することでも、生きていることが確認できます。

このように、近年は、従来の要素還元論とはまったく異なったアプローチにより、まったく違った角度からの研究が盛んに行われています。

「生きている」と「生きていない」、「生きている」と「生命」の違い

一般的に、「生きている」と「生きていない」との決定的な違いは、たとえば、その物質が増殖するかしないかで調べることができます。

一カラットのダイヤモンドをシャーレに入れて、適当な温度を保ち、栄養を与えても、二カラットのダイヤモンドにはなりません。しかし、生きた細胞に適当な温度と栄養を与えれば、二倍、四倍、八倍……と増殖を繰り返します。

「ダイヤモンド＝生きていない」「細胞＝生きている」というわけです。

ここまではシンプルですが、さらに発展させて「生きている」と「生命」の違いについて考えると、どうでしょうか。

「生命を持つものと持たないものとの違いは何か」ということになると、「生命とは何か？」という、生命の定義から入らなければいけません。

単に「生きている」ことと、「生命」とはまったく別のものです。たとえば、心臓とい

う臓器は、細胞として「生きている」とはいいますが、知能やこころを持っているわけではないので、これを独立した「生命」とはいいません。

現時点での全体の合意としては、「自分と同じものをつくることができる（子孫を増やせる）かどうか」というのが、「生命」のもっとも顕著な定義ですね。

「生命」には、「脳」があり、「知能」や「こころ」を伴っています。

いってみれば、この「創発」の解明こそ、これからの科学の課題であり、それは二十世紀の要素還元論的アプローチよりもはるかに難しいものとなっています。

たとえば、小さな虫を還元して要素に分けて、窒素が何ミリグラム、酸素が何ミリグラムというように分解することは可能ですが、同量の窒素・酸素等の物質を混ぜて電気炉に入れてスパークをとばしても、虫をつくりだすことはできません。

「いのち」とは何か。

自然界の事象としてのその解明には、まだ時間が必要なようです。

要素が集まって新しいものができる「自己組織化」

現在の科学技術の粋を集めても、生命をつくり出すことはできませんが、現実に生命が存在します。このことを科学ではどのように説明するのでしょうか。

「この世の生きとし生けるものは創造主である神がつくった」という考え方があります。しかし、これには科学的根拠はありません。まったく違う次元の話です。

生命が存在するということに関して、現在の科学では説明できない「サムシング・グレート」が働いているのはたしかでしょう。しかしそれは神の力ではまったくなく、科学で解明可能なものです。

二十世紀の要素還元論的手法にとらわれず、ある現象を下から上へ、つまりパターンの生成とその発展という視点で見ていくと、外部からの直接的な拘束がないにもかかわらず物質がひとりでにある種の規則性を獲得することが確認できます。

何かそれを支配するものが旗を振って「こうしなさい」と命令するのではなく、各要素の相互作用によって、一定の大きさになったときに何か意味のある組織になっていく、というとわかりやすいかもしれません。

このことは「自己組織化（self-organization）」と呼ばれています。

生物の発生・進化などは、自己組織化の典型といえるでしょう。

たとえば、人間は一つの卵細胞から形づくられていくことはわかっていますが、その卵細胞が人体を形成していくメカニズムは、まだ十分には解明されていません。遺伝子に固有の遺伝情報が書き込まれていることはわかっていますが、それが生命の発生過程でどのように発現していくのかについては、まだ研究すべき点が多くあります。

残念ながら、現時点では、自己組織化を定式化するにいたっていません。

また、従来の要素還元論による分析では説明できない、微視的相互作用によって明確に帰結できないような巨視的現象を研究する分野――生命・気象・経済の諸現象を「複雑系」と呼んでいますが、これらがどのようなメカニズムを持っているのかも、まだ解明されていません。

現在、自己組織化をはじめとして、いくつかの理論的な考え方が提案されています。言い換えれば、これらを解明していくことが、二十一世紀の科学のひとつの使命といえるのです。

「こころ」は「脳」のひとつの働き

現在では、ケミカルな化学反応・電気的な性質・電気の伝導などによって、脳もふくめ、からだの働きはかなり解明されています。

これによって、「こころ（＝脳）」と「からだ」は、西洋の哲学でいわれる二元論的な扱いではないことがはっきりしました。

脳の働きのなかでも、人間の「知能」については、今後さらに解明が進められていくでしょう。これに引っぱられるようなかたちで、「こころ」の解明もなされていくことになると考えられます。

こころは脳のなかにあります。にもかかわらず、私たちはこころの状態を表すとき、「胸が痛む」「胸がはりさけそう」などという言い方をし、手で胸を押さえるジェスチャーさえします。胸にはこころはないのですけどね。

今の段階では、「こころ」の位置づけがどうなっているのか、こころと脳がどのような関係になっているかについて、明確な理論はありません。

しかし今後、脳について、その機能とメカニズムの解明はさらに進められ、「こころ」と「脳」の関係について、科学的に解明されていくことでしょう。

しかし、それが解明されたからといって、「生きる」ということ、「人間である」ということ、あるいは「どのように生きるか」「よく生きるとはどういうことか」といったことを、科学の力ですべて解明することは不可能です。

ここで大切なことは、この「こころ」と「脳」の両者がバラバラのものではなく、一体となったものであるという前提を忘れないことです。

楽しいこころを持てば、いい化学反応が起こるような化学物質が脳のなかで分泌されて、それが病気の治癒力になるといわれます。実際に、そういった治癒力に注目した研究はすでにはじまっています。

からだとこころの連携プレー、このメカニズムの解明が進めば、人がよく生きるための方法論というものもまとめられるかもしれません。

これからは、医療に限らず、生物学・生命学などの諸科学は「個人の生き方」に目を向け、どのように生きるか、生きるとはどういうことなのかについて、科学的知識を背景にしてなお深い考察を重ねる必要があるのです。

「こころ」と「からだ」のつながりは、いずれきれいな理論で説明される

こころとからだは二元論的に対立しているものではなく、こころはからだの一部であると考えられます。

こころが晴れやかになれば、それが脳を刺激して、いろいろな脳内細胞ホルモンが分泌され、からだの調子がよくなります。

逆に、心配事があるときには、胃でなんらかの化学成分が出て胃が痛くなるということもあります。実際、胃潰瘍や十二指腸潰瘍のほとんどはストレスが原因で引き起こされるものが多いといいます。

良きにせよ悪しきにせよ、こころの動きは、即、からだに伝えられ、さまざまな変化をもたらすのです。

それが、「こころとからだは切り離して考えるものではなく、一体となったものと考えてしかるべき」というゆえんです。

さまざまな物質も、宇宙も、たとえばニュートンの重力の法則とかアインシュタインのいろいろの法則といった、非常にきれいな数式で表現できる――つまり、一定の法則を持っていることはよく知られています。

私は物理学者として、宇宙全体の動きというものが、その根本はきれいな式で表せるくらい単純なものから成り立っていることを知っていますが、そのことを、ひどく不思議に感じることがあります。

実際に現れる現象が複雑であればあるほど、もしかすると、そこに何か非常に大きな創造主の手が加わって、それによって引き起こされたのではないか、という気さえするのです。

こころとからだはその両者が両方相まっているものですから、その事実をふまえたうえでの研究は、人がよりよく生きるためには必要だということを、ここで強調したいと思います。

だからこそ、これまで多くの事柄が解明されてきたように、いずれすべてが科学で証明される日が来るのは、楽しみなことですね。

改めて見直されるべき「こころ」

以前、ある統合医療のシンポジウムの席上で、本書の第3章にも登場されている渥美和彦先生が、「日本人の多くはからだもこころも病んでいる」と指摘され、加えて「これからの医療というのは、人間の根源を問い、生を自覚するのがほんとうの医療である」とおっしゃったそうです。

病気を治すためには、各臓器や組織の機能回復をみているだけでは不十分で、人が「生きる」ということにおいて不可欠な要素をもっとつきつめて考える必要があるというご指摘には、強い共感を覚えます。

言い換えれば、今、医療分野において価値観の転換が必要であるということです。人間が真に健康な状態で生きていくためには、こころもからだも健全でなければいけません。

ところが、ストレス社会と呼ばれる現在の日本では、各種の外的要因が人の健康を阻害《そがい》しているのです。

宇宙の摂理は、科学で証明することができます。しかし、人間のこころは、数式で説明するのは困難です。

人間のこころは、さまざまな「目に見えない力」に負うところがあります。

そういった「目に見えない力」が人に与える影響は非常に大きく、それは人が生きるためには不可欠なものではないかとさえ私は思っています。

しかし、今の社会では、大人も子どもも、現実的で表面的なものばかりを重視して、目に見えないものは意に介さないというような風潮があるような気もします。

そういう意味では、われわれは非常に大切なものを見失ってしまっているように感じるのです。

これまでにも、各氏が述べられているように、やはり、今こそ、「こころ」について、改めて考える必要があるのではないでしょうか。

前向きに考えることで治癒力が高まる

こころについて考え直す。

今の時代、こうしたことが求められているとは思いますが、だからといって、私は、「神さまが天国にいて私たちを守ってくれるから心配はない。信じなさい」と言っているのではありません。

世の中には、「神さまの名のもとに」といって戦争を繰り返している人たちもたくさんいます。私が言いたいのは、信仰の対象としての神ではなく、真に信じられる、精神的なよりどころとなるものが、人間には必要なのではないかということです。

そういう認識が、大人にも子どもにも薄れてしまっていることが、今の不安定な世情を生んでいるような気がするのです。

私自身の話を例に挙げれば、私は、じつは乳ガンのために両方の乳房を切除し、子宮ガンを患って子宮を全摘出しました。生きるか死ぬかというほどの大きな手術を四回経験しています。

しかし私は、そういった土壇場にあっても、「自分が死ぬのではないか」と思ったことはただの一度もありません。

「手術が終わって四十八時間経ったら仕事をして、退院したらあれをやってこれもやって」と、そんなことばかり考えていました。実際、入院しているあいだは術後二日間の痛みの激しいときを除いて、病院で論文を書いていました。

今思えば、「私にはまだまだやらなければいけないことがたくさんある」という、目に見えない力に突き動かされたような感じでした。

ガンと宣告されても死の恐怖を感じなかった私は、鈍感で、危機感が欠落しているのかもしれません。

ですが、けっして悲観的にならず、前向きに生きたことによって、治癒力のようなものが生じたのではないかとも思っています。

もちろん、人間のからだというものは有限ですから、いかにこころを前向きに保ったとしても、治らない病気もあります。しかし、気持ちの持ちようによっては、治る病気も治らなくなってしまうこともあるのだということを忘れないでほしいのです。

こころとからだは、けっして切り離して考えられるものではないのです。

「神さま」は自分のこころのなかにいる

私の夫は、九年前にガンで他界しました。母子感染によるB型肝炎とアルコール性肝炎が肝硬変に移行して以来六年余の闘病生活を経て、六十歳の誕生日の翌日のことでした。最愛の夫の死に大きなショックを受けた私は、その後一年くらい立ち直ることができませんでした。

大学の講義も、短いものは一カ月、長いものでは一年、許される範囲で同僚に代講をお願いしました。学生時代から四十年間、平均すると年に五本のペースで精力的に研究論文の発表をしてきた私が、夫の死後一年間はただの一つも論文を書いていません。

家事と三人の娘の育児に追われる日々も、寝る間を惜しんで仕事をして、つねに全力疾走を続けてきた私が、はじめて茫然自失のときを過ごしたのです。

私自身、子宮ガン、乳ガンと四度も死の淵《ふち》に立たされました。しかし、最愛の夫の死に比べればそれらは取るに足らないものであったことに気づきました。それほど私にとって、夫は大きな存在だったのです。

生前、夫のからだを支えていたお骨は納骨をせず、今でも自宅のリビングに置いてあります。仕事一筋で家にいることの少なかった夫が、今はいつも私のそばにいてくれると思うだけで安心できるのです。

物理学者の私がこんなことを言うと笑われてしまいそうですが、夫のからだはこの世から黄泉《よみ》の世界に行ってしまったけれど、夫の魂は、今でも私とともに生き続けています。

こうして夫の魂の存在を信じることと、私自身の「生きる」という行為は、切り離して考えられないと実感しています。

物理学者として自然科学の世界を方程式で追求することと、夫の魂を自分のこころのなかに感じることとは、私のなかではまったく矛盾するものではないのです。

神さまは自分のこころのなかにいる。ここでいう神さまとは、自分が信じられるもの、自分を支えてくれるものと置き換えてもいいでしょう。

そういうものをこころのなかに持つことによって、人は「生きる」ことに一生懸命になれるのではないでしょうか。

それが、私の場合は、夫の魂です。夫の死という深い悲しみを経て、私は、自分の人生に真摯に向き合って生きていきたいという思いを強くしたのです。

私の「ありがとう」に反応した臨終の夫

夫が亡くなって四年の歳月が過ぎたころ、私は夫と過ごした三十五年間の思い出を綴《つづ》った『二人で紡いだ物語』（出窓社、のち朝日文庫）を出版しました。そこでも書いたのですが、夫が息を引き取る直前、奇蹟ともいえる出来事が起こりました。

亡くなる一カ月ほど前から、食道にできた静脈瘤の破裂による吐血を繰り返していた夫は、四度目の吐血で、肝機能の低下による脳症を引き起こし、意識が戻らなくなりました。

「今夜から明朝にかけてが峠になります」という主治医の言葉になすすべもなく、夫に支えられた三十五年の日々に思いを馳《は》せていた私は、突然、これまでただの一度も、夫に感謝の気持ちを口にしたことがないのに気づきました。

夫は根っからの仕事人間で、家事・育児はいっさい手伝ってくれませんでしたが、反面、科学者としての私を支えてくれたのは、ほかでもない夫でした。

私が京都大学基礎物理学研究所の助手に着任した後、一歳の長女の育児と次女の妊娠によるつわりで勉強のペースが落ちたときも、私を叱咤《しった》し、奮い立たせてくれました。

そんな彼の支えがあったからこそ、私は自分の研究を続けることができたし、科学者としての今日の私もある。夫の臨終を前に、そんな思い出が頭のなかをめぐりました。そして、もう手遅れかもしれないと思いながらも、とにかく夫の耳に口を寄せて話したのです。

「まあちゃん、ありがとう。たくさん、たくさん、ありがとう」

「これまでは、まあちゃんが支えてくれたから、今度は私がまあちゃんを支える番だよ。どーんと寄りかかってくれても、大丈夫だよ。この先、何が起ころうとも二人は永久に一緒だよ。二人は出会えてよかったね」

すると、それまで八時間以上も、呼びかけに応じなかった夫が目を開き、手を伸ばして私の手をぐっとつかんだのです。それに応えて夫の顔じゅうにキスをする私を、今度は寝たまま右手を大きくまわし、胸に引き寄せ抱きしめてくれたのです。

もし、私が夫に対する感謝の気持ちを口にしたのがあと数分遅れていたら、もう夫には聞こえなかったかもしれません。聞こえたとしても、夫は動けなかったかもしれません。

私はこのときも、科学では説明しえない「見えない力」の存在によって奇跡が起こったのだと思いました。いまわの際に、夫に私の感謝の気持ちを伝えられたおかげで、私は不思議なくらい穏やかで満たされた気持ちで夫を見送ることができたのです。

生のあとに死があるのではなく、死と向きあったときほんとうの生がある

私たちは、毎日忙しく暮らしているときには、「死」を意識することはほとんどありません。

私自身は、四度の大きな病気をしたときですら、自分が死ぬなどということは思いもしませんでした。

若くて元気なときには、「生きる」ということをどこか当たり前のことのように思っていて、別段、生きているこの瞬間に意味を見いだそうとしないまま、安穏《あんのん》とした日々を過ごしがちです。

一方で、「死」はこわいものとして遠ざけられています。

死を一種の切れ目であると考えるなら、それは肉体がこの世に存在しなくなるということですが、じつはそのあとも、誰かのこころのなかで生きていくのです。

「死」のときまで、自分が思う人生を精一杯生きていれば、必要以上に「死」を恐れるこ

とはありません。

自分自身が大病をしたり、大事な人の死を経験したりというように、一度でも「死」に向き合うと、死生観は大きく変わります。

私自身、夫の「死」という経験によって、今という時間を一生懸命に生きよう、残された時間を大切にしよう、一日でも一時間でも、たとえ一分たりとも無駄に生きていてはいけないと強く思うようになったものです。

夫のからだ自体はなくなってしまったけれど、夫自体は私のこころのなかに、私が死ぬまで生き続けていくのです。私が死ねば、私の娘たちやその家族のなかに私は生き続けることになるでしょう。

夫の死を経験したことで、私の死生観は大きく変わりました。そして、今は夫の分と自分の分の二人分、精一杯に生きていこうと誓ったのです。

どんなにつらいことがあっても、生きているだけで儲けもの

最後に、私がいつも思っていることを二つご紹介します。

一つは、感謝の気持ちを恥ずかしがらずに口に出して伝えることです。

日本人独特の照れで、なかなか人に素直に感謝の気持ちを伝えられないものですが、言葉に出して感謝の気持ちを伝え合うことはとても大切なことです。

口に出して感謝の気持ちを伝えられて、悪い気がする人はいないでしょう。相手が喜んでくれることは自分自身の喜びにもなるはずです。そしてそこにはきっと円満な人間関係が形成されるでしょう。

もう一つは、生きていることを大事にしていきたいということです。

いま、世の中ではいろんな不条理なことや大変なことが起こっています。

サラリーマンはつねにリストラの危険にさらされ、中小企業経営者は経営不振で青息吐息、凶悪犯罪の低年齢化に関係者は苦慮し、子どものいじめ問題は深刻化、不登校者の数は増える一方……。大人も子どもも、なかなかストレスから解放されることがありません。

今年は前年に比べ、自殺者の数が若干減少したとはいいますが、一年間に三万人を超える人が自らのいのちを絶っている現実を見過ごすことはできません。

私の夫は、二十七年間勤めた証券会社を五十一歳で辞めました。そのきっかけは、会社の経営陣の派閥争いが激化し、夫をかわいがってくれていた副社長が自殺したことでした。もしあのとき、夫が二十七年間勤めた会社に固執していたら、自分で自分の首を絞めるような苦しい日々が続いたことでしょう。

人間は欲深いものですから、一度手に入れたものをなかなか手放すことができません。なにか一つ手に入ると、その上も、またその上もと多くのものを手に入れたがります。

私も、まだまだほしいものはたくさんあります。しかし、たとえほしいものが手に入らなくても、生きているだけで儲けものだと思って、大事にしていきたいと思っています。

一人の人間は、六十兆個という膨大な細胞によってつくられています。地球上には、六十三億の人々がいますが、「私」という人間は世界に一人しかいません。「私」が、この世に生を受けたのは、けっして当たり前のことではありません。

さまざまな偶然を経て、さまざまな目に見えない力の影響を受けて、生まれてきたのが「私」だとすれば、なおのこと、「生きていること」を大切にしていきたいのです。

第5章

人知を超えた宿命を生かし運命に学ぶ

中森じゅあん／なかもり・じゅあん

日本大学芸術学部文芸学科をへて、同大文理学部中国文学科卒業。『日本算命学協会』代表、バイオシンセシス・ボディ・サイコ・セラピスト、「樹の会《え》」「灯《とう》の会《え》」主宰。長年フリーランス・コピーライターとして活動。そのかたわら、中国最古の占星学「算命」の第一人者、呉家算命学第13代宗家・文学博士・故高尾義政氏に出会い入門。直門下第一期生として10年間薫陶を受け、「孔位」を授与される。一九八七年吉福伸逸氏（在ハワイのセラピスト・翻訳家）との出会いを契機に、トランスパーソナル心理学の探究を始める。ルーベンス・キグネル氏（バイオシンセシス国際トレーナー）より、5年間の「トレーナーズトレーニング」を受け、修了。

著書は『天使の愛』（中公文庫）、『ANGEL CARD』、『ANGEL POWER』『天使のメッセージ』シリーズ（大和出版）、『中森じゅあんの算命学入門』、『エンジェル・マジック』（監訳・三笠書房）、『エンジェル・ミラクル』（監訳・大和書房）、『生命のメッセージ』（海竜社）ほか多数。なお、『天使のメッセージ』シリーズは英国（ランダムハウス社）をはじめ米国（レッド・ホイール社）、中国でも翻訳出版、海外でも広く愛読されている。

http://www.juan.jp/

〔表紙・中森じゅあん写真提供／小泉修（Q's）〕

運命的な出会いをした「算命学」の世界

私は、コピーライターとして二十七年間、広告制作の現場に身をおいていました。

当時はまだ、新しい分野で女性も少なく、好景気のただなかでしたから、たくさんのよい仕事に恵まれ、嬉々として働く毎日でした。

ご存じのように、広告は、どんな目的であれ、企業にとって「目に見える成果」をもたらすためのものです。

ところが私は「目に見えない世界」、「何だか、いくら考えてもわからないもの」、「不思議なこと」などに幼少期から強い関心を持つ性分でした。今でこそ、目に見えない分野に関する書物や情報は選択に悩むほどたくさんあります。しかし、当時は「宗教」か「占い」ぐらい。おまけに子どもですから歯が立ちません。ひとり、想像をたくましくするばかりでした。そのせいか、大人になってからも「運命」、「宿命」、「占い」といったことに心惹かれ、文字を見るだけでも、不思議とワクワクしてくるものがありました。

片っぱしから本を読んだり、専門家の話を聞いたり、古今東西のさまざまな運命学の英知が示唆してくれる「見えない世界」を知るおもしろさにハマり、深入りしていった、ということが、今日に至る原点であったのかと思うのです。

そうして得た運命学の知恵を、自分なりに仕事の世界や、人間関係などにフル活用していきました。見えない世界である占いの情報を、目に見える現実の人生で使いながら、その真理や効用を実証していくことは、それは楽しく、有益なものでした。

三十代のはじめ、夫が失明を宣告され、合計三度も手術をするという大難に見舞われました。そのことがきっかけで、やがて私の人生を変えることとなった、運命的な一人の人物との出会いを得たのです。

中国最古の占星学である「鬼谷子《きこくし》の算命学」を継承する、ただ一人の日本人で、のちに師となる、文学博士、故高尾義政先生です。

「生年月日だけで、どうしてこんなことまでわかってしまうんだろう?」。趣味・独学とはいえ、さまざまな運命学に触れてきた私にとって、算命学は、驚異的な内容と深さを持つ、未知のものでした。また書物もなく、弟子も持たない先生のもとに、念願かなって入門を許されたときの喜びを思うと、ありがたくて、今でも胸が熱くなってきます。

そこで算命学とはどんなものか、少しずつお話しさせていただきたいと思います。

「生年月日」には、膨大な情報が宿っている

私たちは、宿命や運命、幸運や不運といった言葉を、しばしば気軽に使っています。しかし、「言葉はあれど、姿は見えず」。それ自体は、見ることも触ることもできない、形のないものです。

運命の女神がほほえみかけてくれたのか、思いがけないラッキーが転がり込む人がいます。運命に見放され、運命のいたずらに翻弄《ほんろう》されたかの如く、不幸が重なるときもあります。これも運命だと思ってあきらめて、がんばっていれば、そのうちきっといい運が回ってくるよ、と肩を叩かれれば、つらさも乗り越えていこうという気になるものです。

つまり、ある「時間」の経過があってのち、ある「空間」の状態が現れてきたとき、はじめて私たちは、見えない、形なきものである、運命や宿命、幸運や不運などについて云々し、語っているというわけです。

運命学・占いというものは、私たちには見えない、気づかない、わからない、明確ではない、形なき領域にフォーカスして、何らかの方法によって、まず、それらを具体的に見

いだそうとする学問です。

その数や種類は、世界各国から集めれば、それこそ、星の数ほどにもなるそうです。

そのなかで、私が学んだ「算命学」は、各人の「生年月日」をデータとして用います。

私たちは誰でも、この世に誕生したその瞬間の宇宙・自然界の状態、天と地の「エネルギー」、時間と空間の「気」というものを、自分の生命にそっくり受けとります。

算命学は、その人の生年月日のなかに宿り、記され、与えられた「宿命と運命」を導き出し、意味内容を解読し、目に見え、理解できるものにします。そのために創りあげられたものが中国独自の暦で「太陰太陽暦」や「干支《かんし》暦」と呼ばれるものです。

この暦は、天と地、宇宙と自然の森羅万象、時間と空間が合体され、統合され、組み込まれていて、不変の法則とバランスのもとに成り立っています。

私たちの「生年月日」のなかに、これほど多彩で膨大な、宇宙と自然からの情報が内在していることを知ると、感動せずにはいられません。とともに、宇宙の法則、自然の摂理を観察し解明し、独自の学問として完成させた中国歴代の賢人方の偉業に驚きます。

算命学は、単なる当てもの占いではなく、「自然界・宇宙界をお手本にした『人間探究学』だヨ」と言われた師の言葉が、学ぶほどに深く、強く実感されていったものです。

人間は、大宇宙に生かされている小宇宙である

「命を数える」と書く算命学は、戦国時代の中国で活躍し「志摩《しま》の書」を著したといわれる「鬼谷子《きこくし》」という人が創案したもので、長い年月の間、帝王学の一つとして、一子相伝の秘伝で継承されてきました。そのベースにあるものが、古代中国の思想哲学「陰陽五《いんようご》行説《ぎょうせつ》」としてご存じの方も多いでしょう。

私たち人間は、大宇宙の一員であり、同時に小宇宙である、という「人間小宇宙論」、これが、中国古来の根元的思考です。

宇宙に存在するすべての事物は、陰と陽の二つから成り立っていて、それは相対立するものではありません。紙やコインのように裏（陰）と表（陽）が一体となって、構成されているものだ、というのが「陰陽説」です。人間は、男（陽）と女（陰）で成り立っているし、天と地があり、昼と夜があり、光と陰があり、空間と時間があり、プラスとマイナスがある……と数えていくと、あらゆる事物が、一セットだとわかります。

さらに、観察すると、木の質、火の質、土の質、金の質、水の質という五つの質のもの

が存在することがわかります。これが「五行説」です。天を見上げると、木星、火星、土星、金星、水星という、五惑星が輝き、運行しています。地上を見れば、五つの性質の五元素があり、それらもまた、陰と陽から成り立っているのがわかります。

木の質には、樹木(陽)と草花（陰)、火の質には、太陽（陽）と燃える火（陰)、土の質には、山脈（陽）と大地（陰)、金の質には、鋼鉄（陽）と原石（陰)、水の質には、海・大河（陽）と雨（陰）というふうです。これらすべての生命は、それぞれ異なる性質、エネルギー、役目、使命、個性、能力、魅力などを持って、全体を構成しています。

これらの一つひとつの意味内容を、文字にこめた数字として創ったものが「十干十二支《じっかんじゅうにし》」であり、中国独得の、ユニークな暦なのです。「二〇一〇年」と数字で表すのが西洋流、「丙戌《ヒノエイヌ》の年」と意味内容も含めて表すのが東洋流。少しややこしい話になりましたが、生年月日で、「宿命」としての「小宇宙」がわかる理由をお話しておきたかったのです。

私たちは、天と地の間に生まれ、天地人三界の気によって生かされています。各人の生命のなかには、宇宙からいただいた〝宿命〟があり、皆が助け合い、生かし合えるのです。

そのことに感謝し、宿命を十全に生かすこころと行いのなかに〝運命〟を輝かせる鍵があると思うのです。

自分の「宿命」に気づき、生かしてほしい

「宿命」と「運命」の違いをご存じでしょうか。この両者は、どうも「同じ世界の似た者同士」だとでも思われているらしく、ごちゃまぜに使われることが多いですね。

そこで、この際ハッキリさせておきましょう。ちょっと固苦しい表現になりますけれど、宿命とは、「天と地の空間において、与えられた不変の生存範囲」をいいます。

運命とは、「時間と空間における可変の生存行程」というのが、いわゆる定義です。

平たく言うと、宿命とは、文字の如く生まれたとき「命に宿ったもの」。「変えられないもの」です。というと、それでは、人の一生は決められていて、どうしようもないものなの？　などと、口をとんがらせたり、誤解してしまう人がいます。

でも安心してください。宿命とは、ごく当たり前の範囲内にあるものなのです。たとえば、あなたの生年月日は、変えられますか？　もう一度、お母さんのおなかの中に入って、出直すことはできない相談です。また、あなたの両親もご先祖も変えられません。日本に生まれたこと、○○家の長男である、次女である、男性か、女性か、といった「事実」が

ありますね。たとえ、あとになって、形を変えることがあったとしても、ルーツの事実は変わりません。こうしたものは、わかりやすくて明白な宿命の範囲として、与えられたものです。しかし、それだけではありません。生年月日を調べてみれば、誰にでも生まれたときから与えられている、本質、能力、才能、個性、性質、エネルギー、魅力などといった、たくさんの「宿命」が備わっているのがわかります。それらを明らかにして、知らしめることが、占いという学問の役目だと思うのです。

もちろん占いに頼るまでもなく、人間生来の性格や能力などは、おのずと発揮され、年齢に応じてにじみ出てくるものではあります。また、あるとわかった才能や好みなどに、磨きをかけて、持って生まれた宿命を花開かせる人も、大勢いらっしゃいます。

ところが、算命学を学んで十年、師匠の励ましも得て、コピーライターとの二足のわらじで人々の相談にのるようになって、気づいたことがありました。

それは、意外なほど多くの人々が、自分が持っているすばらしい宿命世界にあるものを十分に知らない、十分に生かしていないということです。村上和雄先生は、多くの人がDNAのわずか二パーセントほどしか生かしてはいない、とおっしゃっています。私は、算命学の現場からも、かねがね同じようなことを思っていましたので驚いたものです。

真の幸福は「こころの安定」から

ありがたいことに、誕生したときに宇宙から与えられた「宿命」の数々は、一生失われることはありません。何しろ、命そのものに宿っているものなのですから。不変不滅の宝物です。

とはいえ、せっかくの財産も、肝心のご主人様がそれに気づかず、感じず、知らなければ、「宝の持ち腐《ぐさ》れ」状態のまま。もったいないこと、このうえなしです。「なぜそうなっているのか」という理由と、「ではどうしたらよいか」という対策法は、私なりにわかっているものがありますが、それはあとでお話することにして、次に「運命」のほうに移りましょう。

ひたすらご本人に気づいてもらい、愛され、生かされるのを待っている「宿命」を、「静」なるものとしましょう。それに対して「運命」は、「動」なるもの。つねに変化しながら、巡りくる年、月、日の「時間」を星に置き換えたものです。

身近な例をあげれば、春の次に夏が来る、次に秋、そして冬が来る。この季節の変化、循環は、「自然の法則」に正確に従う「運命」のありようを示しています。

赤ちゃん、幼児期、少年少女の十代、二十代、三十代、四十代……という時の移り変わりは、自然界の四季と同様に、私たちの人生行程の「運命」として訪れます。

ですから「運命」は、私たちが、選択できるもの。タイミングをみてつかみとることができる、可能性やチャンスに満ちたもの。バラエティにとんだ「贈り物」です。でもこの運命を、よりよきものにするためには、自分の宿命を明確に知っておく必要があります。

そして自分の「宿命」を知って、受け入れて、発揮させようとするならば、「運命」として巡りくる年、月、時間を大切にし、明るく前向きな「こころ」を持ち、自分の「からだ」に十分な体験をさせることとです。

私が、人々の相談にのるようになって、早くも三十四年目に入りました。その間にも、時代は大きく変化して、人々の悩みや問題も激しく変わってきました。私は、二十代の独身時代から、結婚して二人の子どもを育てながら、今日まで仕事を離れたことがありません。それだけに、とりわけ働く女性たちが、目に見える外側だけではなく、こころや魂の内面から生まれる、平安でイキイキとした真の幸福を味わってほしい、と思います。数千年の歴史を持つ算命学も、いちばんにあげる幸せは、「こころの安定」なのですから。

ある双生児の青年が選択した運命

「命を運ぶ」と書くように、「運命」は、ゆるぎない自然の法則に従って、誰のもとにも公平に、すべての星の世界を次々に運んできてくれます。でも、受け取り手の私たちが、独自の宿命と、選択の自由を持っているため、運命の内容や現れ方は千差万別になってくるわけです。そして、何よりも自分の宿命を知って磨くも、巡りきた運命を十全に生かすも、すべては本人次第。ですから、この世に同じ生年月日の人は、ごまんといますが、本人のこころと行いが、運命という人生のドラマを、人の数ほど多彩にしていくことになるのです。

もう二十年以上も昔のことになりますが、今でも忘れられない感動を味わったことがあります。あるとき、まだ二十代前半の青年が、仕事のことで相談にみえました。その若さで、ある企業の責任のある立場を与えられていたため、参考になるアドバイスなどを求めての来訪だったと思います。

本題の話が終わったころ、私は、普通なら多分黙っていることを、どういうわけか、フッと自然に口にしてしまいました。

それは、事前に聞いてあった生年月日で、彼の宿命の星を見たときから、わかっていたことでした。もし、彼がまだ高校生だったりして、進路の相談をされたなら、私は迷うことなく医学の世界をすすめただろう、ということでした。彼は、見事な名医となって人々を救うであろう理想の条件を完璧に備えた、珍しい宿命の持ち主だったのです。そのことを、私はさりげない言葉で、問わず語りのように伝えたのです。

ところが驚いたことに、彼はパーッと眼を輝かせるや、歓喜に満ちた表情でお礼を言ったのです。それで、はじめて知ったのですが、じつは彼は双生児で、弟は医大に進み、現在アメリカに留学しているというのです。彼も、医学を目指したかったそうですが、金銭面を含めて弟を支援し続けるためにも、父親が経営する会社の後を継ぐことにした、というのです。「これで、自分が選んだ人生を、さらに喜びと誇りを持って歩み続けられます。弟にもさっそく伝えます。きっと、よい励ましになると思います」と言われたのです。

まったく同じ星の下に生まれても、その人の環境や立場、考え、選択などによって、歩む運命の道は異なります。彼は、自分の世界で、人々や社会のために、宿命が輝く人生を創造していることでしょう。

「こころの深み」が宿命や運命に関係している

夫の友人で、エール大学の講師をしている男性が、遊びにきてくれたことがあります。そのころは、アーティストの夫と事務所を共用していました。夜になり、何人かのご相談が終わった私に、彼は「どんなことをしているの？」と質問をしてきました。私が、だいたいの仕事内容を説明すると、黙って聞いていた彼は「そうか、きみは、アメリカでいえば、psychiatristがすることを、占いでやっているんだねえ」と言ったのです。

精神科医と同じようなこと？　そう言われても駆け出し占い師の私には、まったくわかりませんでした。たしかに、お医者さまはカルテを見て、来訪者の訴えを傾聴するでしょう。私は生年月日のチャートを見るし、来訪者の問題や悩みに耳を傾けることが第一です。でも、どうもそういうことではないらしい。彼の言葉が、そうかーと胸に落ちたのは、それからしばらくたってからのことです。

尊敬してやまない師匠は、十年教えを授けてくださったあと、「一生涯学び続けたい」と願う私たち数人の直弟子を前に「いつまでも師匠がついていると、身のためになりません。塾をはじめたとき、続いても一、二年、三年もついてきてくれる生徒はいないだろう、と思っていましたが、こんなに長い間、よく学び続けてくれて、ありがとうございました」と頭を下げられたのです。そして、「あなたたちは、趣味だと思っているでしょう。でもここまで習得すると〝技は業に通ず〟といって、人々から相談を受け、見てほしい、と頼まれることがあるでしょう。世に、三大人助けの職業というものがあります。医師、僧侶、占師がそれです。医学にも、基礎医学と臨床医学がありますが、あなた方は、それぞれの分野や立場で、学んだことを臨床医のように、人々のために役立てていってください」とおっしゃり、さらにこう続けられました。「人の相談にのるようになると、まず三年目に、大きな壁にぶつかります。そこを乗り越えると、一年に一回、大きな壁がきます。それを越えると、毎月一回、そのうち毎日一回という、多くの壁の経験をするでしょう」。

一同、ただ「……」、沈黙あるのみでした。確かに三年目、やってきました「大きな壁」が。いいえ、やってきたのではなく、最初からあったのに、未熟な私は「気づいていなかった」のだと、気づいたのも、さらにまたのちのことになります。

そして、「こころ」や「感情」、それも無意識下に潜む幼少期からの深い内面世界が、宿命や運命に深く関係していることが私なりにわかるときがきたのです。

原因の一端は、生育歴や過去の体験のなかに

「好き」「強く惹かれる」という気持ちに、理屈はありません。専門の勉強や職業を、「自分が好きだから」という理由で選んだ人の生年月日を見ると、「その道」ピッタリの「才能星」があります。それがわかったときはうれしくて、宿命の贈り主、「目に見えない存在」になりかわって、ほめてあげたい、そんな気持ちがしてきます。

でも、好きと宿命が一致することは、本来、不思議でも珍しいことでもない、自然なこと。ですから、進路や適職、恋愛や結婚などの相談事には、その人の星を云々するより先に、その人のこころが感じる〝好き〟を第一に大切にして、話を進めていたのです。

誰でも、興味のあること、大好きなこと、なぜかこころ惹かれるものはあるはずです。それを追求したり、学んだり、趣味にしたり、仕事にすれば、時を忘れて没頭するでしょう。少しぐらいつらいことがあっても、熱中できるから長続きするはず。少しでも成果がでれば、ますます力が入るし、喜びや生きがいや夢も大きくなっていくものです。

ところが「何が好きかわからない」、「とくに好きなことがない」と訴える人がいる、増

えている、という現実に気づきました。初期のころは、宿命とご本人があまりにも違っているので、生年月日を間違えて星を出したのかと思って、確認することさえありました。「宿命」にある才能たちがまったく生かされていない、それだけでなく、そのことを伝えても納得がいかない、さらに「運命」にチャンスがきても、まったくつかめない、逃してばかりいる……。特別難しいことではないのに、自然に感じとれるはずのことなのに……。

ああこれが「壁」なのか？　と実感しました。とくに大きな疑問は、「好きがわからない」という人の多くが、じつに、やさしくてデリケート、賢くていい人や真面目な人だったことです。そんなとき読んだ「精神分析」の本から多くの納得や気づきが得られたのです。「自分を感じにくい」、「こころの持ちようを変えるのが難しい」、その原因の一端が、生育歴や過去の体験にあるというのです。「子育てが終わったら、心理学を勉強しよう」と思いました。そして、当時（平成元年）まだ新しかったトランスパーソナル心理学に出会いました。これは読むだけ、頭で知るだけではダメだと思い、大勢の人々にまじってワークショップに参加してみると、ほんとうに必要な体験が次々とやってきたのです。そして、私たちの「いのち」、「こころ」の世界の奥深さ、広大さ、繊細さ、純粋さ、豊かさ、可能性・神秘性などを、リアルに実感し、感動することになったのです。

「こころとからだ」に深くかかわることの大切さ

持って生まれた「宿命」や、巡ってくる「運命」そのものに、よしあしや吉凶、幸不幸はないのです。現実を、どのように受け止めるかは、人それぞれの自由。「自分のこころ」次第で明暗が分かれ、色づけされ、創りあげられていく。それが「自分の人生」です。それだけに、日ごろから「私のこころは、今どうなってるのかナ」と意識的に探り、自分でできるだけわかっていることは大切だと思います。

「自分のことは自分がいちばん知っている」「人のことはよくわかるけれど、自分のこととなるとわからない」「私はいったいどんな人間なのでしょうか」「どっちの私がほんとうなのか」などなど、「自分ごと」に関する声は、いろいろさまざまです。

私は、「こころ」とは、そう単純なものではない、だから、自分でわかるところとわからないところがあるということが、よくわかりました。でも、そのこころが、すべてを創造するほどのエネルギーの源なのですから、「自分のこころ」を脇へ置き、理性や知識や情報ばかりを頼りに判断して生きていると、大切ないのちそのもの、こころとからだのイキイキ感を味わう歓びから遠ざかっていくように思います。

何事に対しても、ついネガティブなほうにこころの針が動いてしまう傾向がある人は、さらに悩みが多くなります。ところが、そんな人の宿命を見ると、現実とはうらはらに明朗でのんきな星が輝いていることはけっこうあるのです。そんなとき、私は、ほぼ間違いなく「はい」の返事が返ってくる質問をすることになります。

「あなたのご両親か、どちらかが心配症ですか?」。私たちは、生まれた家、家族、両親、きょうだい、環境、立場、親や教師の価値観や教え、期待、思い、感情など、さまざまな〝気〟のなかで育てられ成長します。愛と幸せに恵まれていても、誰でも、幼かった、若かった過去のどこかで、悲しみ、淋しさ、くやしさ、苦しさ、恐れ、不安などの体験はあるものです。そんな自分の感情や思いや感覚を、私たちはこころのなかに押し込め、感じることを抑圧します。生きていくために……。でも「無意識」と呼ばれるそれらは、ずっとエネルギーを持っていて、私たちの現在に影響を及ぼしているのです。それをやさしくほぐし、受け入れ、味わってあげれば、癒しと解放が起こり、心身が変化しはじめます。いくつかのボディ・サイコセラピーを体験し、学んだ結果、「自分自身のこころとからだ」に、もっと深くかかわることこそが、新しい自由と幸福への鍵だと思ったのです。

日常のなかで、「あるがままの自分」を感じよう

忘れもしない平成元年、突然出会い、感動させられたのが「トランスパーソナル心理学」であり、その翻訳者、セラピストとして、つとに知られる人、吉福伸逸《しんいち》氏でした。

私たちの思い、願い、希望というものは、それが本人に必要なもの、人々のためにも役立つものなら、ベストなタイミングに、ベストなものとして与えられるのよ、と、私は自分の体験から、自信を持ってつねづね相談にみえる方々にもお話していたものです。

それにしても、「いつか心理学の勉強を……」という私の思いは、まったく予想外の「実践的ワークショップ」という新しい形で、その扉をあけてくれたのでした。

参加した初回のワークショップで、私はいきなり幼児期へと年齢退行するという、じつにリアルな体験を味わったのです。

一九六〇年代、人間の潜在的可能性を開発しようというムーブメントが起こり、世界のあちこちで、さまざまな心理学やセラピーが次々と生み出されました。本来は、治療や治癒の意味を持つ「セラピー」という言葉ですが、今では「自己探究」「新しい自己発見」

「心身統合」「自己変容」「自己超越」「悟《さと》り」「覚醒《かくせい》」など、霊性を高めるところまで含めたメソッドになっています。イキイキした心身健全な「ほんとうの自分」となって、自己実現することを目指す……、これは、宿命や運命を見つめながら、人々と向き合う仕事をしている私の望みでもありました。

私がいろいろなセラピーやトレーニングを受けて、ハッキリと実感したこと、それは、私たちのこころとからだと魂は一つであり、かつ、あらゆる外界（目に見えない世界も含めて）、すべての人々ともつながって全体が成り立っているということです。

「トランスパーソナル」とは「個を超越」するという意味ですが、その視点を知識や概念としてではなく、各人の心身で実際に体感してわかっていくプロセスが、サイコセラピーです。セラピーの一つは、呼吸を深めて自分のからだやこころに深く入っていきます。

意図や理性や判断を手放して、自分のプロセスにゆだねることで、からだの各部やこころの無意識のなかにブロックされていた、過去の感情や思い、感覚などが浮上し、解放されていきます。幼児期や過去の滞ったエネルギーが癒されると、心身の感覚や感情が流れはじめます。「生きる歓び」の第一歩は、特別なことではなく、日常生活のなかで、「あるがままの自分」を感じることを許し、生きていくことからはじまるのです。

積年の「悲しみ」がみずから癒されていく

トランスパーソナル心理学やその潮流にあるさまざまなボディ・サイコセラピー（心身療法）を多くの方々とともに体験しながら、私は「人間の生命」「こころやからだのすごさ」というものを実感しました。一例として、私のごく初期の体験をお話ししましょう。それは、思考、判断、理性などを脇へ置いて、ひたすら深い呼吸に専念するという、ブレスワークでのことです。

からだとこころの底から、ふき上げてきた感情は「悲しみ」でした。しかもそれは、ウエーンウエーンと何かを訴えるような子どもの泣き声だという、リアルで不思議なものでした。何が悲しいのか、なぜ泣いているのか、まったくわからないまま延々と泣いて疲れることがありません。こころやからだの奥底に、見えない巨大な悲しみの壺のようなものがあって、深い呼吸がそれらをせっせと汲み出している……、そんな感じでした。

そんな体験を何回かしたある日のこと、事務所で仕事を終えてホッとしてボーッとした瞬間、あの「子どもの私」の悲しみが、浮上する気配がしました。そのころの私は「自分の感情はどんなものであれ、受け入れる」ことを、できる限り日常のなかで実行していました。すると、泣き声の途中から飛び出したのは「早く帰ってきてちょーだーい」という叫び声でした。それを聞いてはじめて、私は自分の激しい悲しみが、父を慕う幼いこころからのものだということがわかったのです。そのとき、私は、最愛の父と別れた七歳のときの自分になっていたのでした。

当時、私は満州（現・中国）の旅順《りょじゅん》にある海軍病院に赴任した外科医の父とやさしい母の三人で幸せな幼児期を過ごしていました。しかし、終戦のとき、医師たちを要請する中国に、院長の父が進んで一人だけ残ったため、私たちは生き別れになったのです。

しかも三カ月間だけ、という約束は守られず、八年間も音信を絶たれたままでした。母と二人で父のいない淋しさと、生死もわからずひたすら待ちわびる悲しみが八年間分、私のこころとからだのなかに潜んでいたのでしょう。それが、心身療法のワークショップをきっかけに、勢いよく解放されていきました。

私たちは、時代や社会や環境、家族関係、人間関係など、さまざまな事情や理由で不安や緊張、恐れなどを味わうことがありますが、生きるために耐え抜きます。しかし、それを癒し、解放する力もまた、みずからの生命にあるのだということを体験したのです。

人生に、無意味や偶然は何一つない

さきほどのつづきになりますが、皆様のなかには都会のマンション（仕事場）で、大声で泣いたり叫んだりし続けることなど、めったにできることではなかろう、と思う方もおいでだと思います。もちろん私は、即座にやめることも容易にできたのです。選択可能ですから。でも私は瞬時に、自分のいのちの力を信頼し、それが導いてくれるプロセスにゆだねたのです。隣室には、夫や仕事関係の人がいるかもしれない、隣りの人が驚いてピンポーンとドアホンを鳴らすかもしれない……、そんな可能性のほうが強いはずでした。

ところが、多分三十分くらいは続いた、マンション中に響き渡るほどの泣き声に、何一つ反応もなかったのです。そして、これが不思議なのですが、こころは、すべてを知っているようで、一定の時間がすぎると、どんな状況もコトッと終わって、自然におしまいになるのです。泣き声はピタリと止まり、さわやかなエネルギーの流れをうっとりと感じていると、まるで待っていたかのように、ドアがあく音とともに、夫が「ただいまー」と戻ってきたのです。彼がいるかいないかは知りませんでしたが、もしいれば、即座に飛び込んできたはずです。両隣りやお向かいさんもちょうど留守だったのでしょう。

これはほんの一例です。でも私たちの現実に起こることや、人生や日常のなかに、不必要なこと、無意味や、偶然やたまたまなどは、けっして「ない」し、私たちはつねに目には見えなくても「守られている」のです。

どんな小さな外側で起こることも、自分の内側で起こることも、すべては私たち自身にとって今、必要な「気づき」と「成長」「学び」のために与えられている、絶好のチャンスだ、と思うのです。少なくとも、そのような視点から、自分自身や人々、出来事などとかかわっていこうと努めていると、思いがけない発見、ストンと腑に落ちる納得、時には深い気づきを得る、といったうれしい体験が増えていくものです。

大きな障害や難関を前にすれば、誰でも不安や恐れ、落ち込みや悲嘆などを感じて当然です。でも、どんなときにも、今、生きている、生かされている生命、こころとからだと魂のなかに輝いている、愛や勇気、希望や歓びのエネルギーをしっかりと感じながら、最善を尽くすなら、事態は必ず変化します。そして、現象にこだわらず、結果を天にゆだねるとき、必要な現実を手にするはずです。運命の星はつねに変化しながら私たちに新しいチャンスを与えてくれるものですから、その多彩さを楽しみ、生かしましょう。

ライフサイクルに死後生命が含まれている

生年月日が同じでも、没年月日は百人百様に違うはずです。当然のことですが、宿命で人生の最期は決まってなどいません。

算命学では、いわゆる「危機」というものは、平均すると、人生で四、五回くらいはあるといわれています。九死に一生を得る、という経験をされた方、それも何回となく、という方がいらっしゃるのもうなずけるというものです。

算命学のなかに、時間を表す「十二」の星があります。若い時分には、この十二の星のことを、それほどじっくりと考えることはなかったのですが、年を重ねるにつれ、奥の深いあるメッセージがこめられているように、思うようになってきました。それは、ライフサイクルを示していて、その十二分類はこうなっています。

まずは、この世に誕生した「赤ちゃん期」からはじまって、「幼児期」、ハイティーンの「思春期」「青年期」「壮年期」「頭領期」「老人期」「病人期」と進んできて、次が「死人期」「入墓期」「後世（あの世）期」「胎児期」となります。

これを見ると、生命は線上につながって、肉体の死をもって終わるのではなく、「死後の生命があり、再生してくる」という考えがハッキリと読みとれます。

つまり円環のようにつながっているのです。誰の宿命にも、生年月日が導き出す八つの星があり、それが一生ついてまわります。宿命は人それぞれに個性的です。でも二十代の「青年期」から「老人期」までの星、いわゆる「大人の星」をいくつも持っている人は、現実的なパワーを持っていて、実際に現実的に強い性格の持ち主です。でも、「死人期」以後のあの世に行った星やお墓に入っている星、胎児の星など、関係を持たないライフサイクルの星がメインの人は、学問、芸術、技術、精神面に特色や関心・才能を持ち、どうも現世的なことにウトいようです。どちらがよい悪いではなく、強弱でもなく、そこに宿命を生かす鍵があるといえるのです。

運命の星は毎年毎月毎日、変化しながら巡りきます。そのとき、私たちは十二の星のエネルギーを受けとります。つまり、算命学的にいうと、私たちは生きているときから人生のプロセスで生老病死のほかに、墓に入り、あの世を訪れ、また胎児になって新しく生まれてくる、という星のエネルギー体験を繰り返しているといえるのです。また、宿命にお墓の星を持つ人は、長男長女、墓守りの役目を持ち、自然にそうなっています。

余命半年と言われて十年生きてくれた母のこころ

父が旅立ったあと、母は仕事をしている私を気づかって、十七年間、ひとり暮らしでがんばってくれていました。が、八十歳の年、乳ガンが発見されました。身体状態から手術は不可能、余命半年、長くて一年と宣告されましたが、まったく信じられませんでした。お医者様はいい方でしたが、私は、そのお見立ては受け入れられませんでした。

そして、当時人気者だった双子の長寿者きんさん・ぎんさんを例に「百歳まで、まだ二十年あるわね」と笑い合いながら、やっといっしょに暮らすことになりました。

おぼつかない足どりの母がリハビリのために、歩行器ではじめて練習をしたあの日のことを忘れることはできません。数メートル先にいた私が振り返ると、母の足元に亡くなった父がかがんで、両手で支えている姿が目に入ったのです。まもなく、ふーっと静かに消えていったのですが、そのとき、私は父が生前から、急いで歩いては転びそうになる母の足元を気づかって、よく声掛けをしていたことを思い出しました。

と同時に、父は、自分があちらの世界から母を守っているのだ、ということを、私に知らせて安心させようとしてくれたに違いない、と感じたのです。私が見たことは、もちろん母に伝えました。母は、「生命は不滅」だということを、私が子どものころから折にふれ話してくれていましたから、うれしそうに「ありがたいわね」と喜んでいました。

介護生活十年の間にはほんとうにいろいろなことがありましたが、いつも不思議なほど助けられたものです。私は毎年五月が近づくと、もうすぐ八十二歳のお誕生よ、来年は八十三歳のお誕生よ、と誕生日のことを口にしては母を励ましていました。何回かの危機もありましたが、なぜか一度も本気で「ダメだ」と思ったことはありません。

そして八十九歳の誕生日の一週間前、酸素吸入の危篤状態になり、先生に今夜には……と宣告されました。が、私には信じられません。母に「もうすぐ八十九歳のお誕生日のお祝いよ。がんばって！」と言い、父と母は、私の思いをかなえてくれると信じきっていました。すると奇蹟のように、翌日に酸素吸入もとれ、笑いかけてくれる母に戻ったのです。それから一年間、母は私のために生きてくれました。九十歳の誕生日の二日前から急変しましたが、私は母に「ありがとう、何も心配しないで、ありがとう」とお礼だけを言い続けました。母は誕生日に旅立つのだと直感したからです。私には、母を見送るこころの準備ができるまでに、十年の年月が必要だったのだと、よくわかりました。

十年目にやってくる変化のサポート

算命学には「何事も十年」という合言葉があります。趣味、習い事、勉強、仕事、結婚、生活習慣、スポーツなど人生全般何であれ、十年間続けていると、大きな「変化」が起こる、実りが現れる……など、それが自然の法則としてやってくるわけです。

原理はじつにシンプルで、算命学つまり中国の数学である「十干《じっかん》」が、十年でひと巡りするからです。たとえば今年、仕事についた、あることの勉強をはじめた、お店を開業した、新しい趣味に出会い習いはじめた、結婚した、貯金をはじめたなど、何かをはじめた年になったとしましょう。十年たつと、同じ星が巡りきます。また新たなスタートラインがくるのです。次のステップへ進むということです。十年間は長いですから、もちろん、十年間は長いですから、その間に何らかの動きはあるでしょう。職場の上司が変わっているかもしれないし、趣味の先生も変わったかもしれません……。それはともかくとして、十年間がんばって続けたにしろ、気がついたらアッというまに十年たっていた、でもいいのです。十年間続けていることがあれば、「運命の星」は自動的に再びやってくるのです。

私は、足かけ十年間算命学を学び、その後、教室を開いて十年間、算命学を教えました。そしてある日突然という感じで、人々の相談にのっている仕事に、変化が生じたのです。

コピーライターをしながら、二児をかかえての二足のわらじで、もう六、七年くらいはたったかしら？　と改めて数えてみると、これもまた何とピッタリ十年目のことです。「目に見えない世界」から、メッセージがくるというサポートが届けられてきたのです。私が求め、望んだことではありませんでした。むしろ、算命学という学問、生年月日という事実に実証されるものを、貴重なよすがにしてきたのです。

しかし不思議な出来事や体験が次々と与えられ、これは、けっして私に対してでなく、相談者や読者の方々に与えられるサポートなのだということがよくわかったので、やっと受け入れることにしました。その間、はじめてのエッセイ集『幸運エッセイ』（三笠書房）が出版され、つづいて、『天使のメッセージ』（大和出版）が、よしもとばななさんの推薦で本になるなど、たくさんのサポートがありました。その『天使のメッセージ』シリーズ①は二〇〇四年にイギリスで、つづいてアメリカで翻訳出版されましたが、それは日本で出版された年から、ちょうど十年目に当たります。現実を受け入れ、運命の変化にゆだねていると、感謝することが自然に与えられるものだと実感しています。

天使のような子どもたちの思いやりに感動

もう十年以上も前になりますが、小・中・高校生が中心読者の『マイバースディ』（実業之日本社）という雑誌の編集長が、前々から子どもたちにふさわしいスピリチュアルなものを探していた、と『天使のメッセージ』からの抜粋を希望されました。私は「天使」の存在を説得するつもりは毛頭ありません。また神秘的な世界への案内役でもありません。ただ縁あって、望む方々に、送られてくる「愛」に満ちたメッセージを差し出すだけです。そして、それを人生に役立ててほしい、そのためのお手伝い役といえばよいでしょうか。子どもたちが、天使をどう受け止めるのか、私たちにはわかりませんでした。

幸い好評を得たため、次にはオリジナルのメッセージを掲載し、さらに小冊子の付録にもなりました。その過程で、全国から、二百通近くの手紙が送られてきたのです。その中には、天使を見たり、感じたり、すでに存在を信じる「体験」を持っている子どもたちもいました。ずっと誰にも言わなかったけれど、自分と同じような人がいることがわかってうれしいなど、真面目でしっかりした文章ばかりなのにも感心したものです。

何よりも驚いたのは、手紙をくれた八割強にもおよぶ子どもが、ひどいいじめにあい、親や教師にも黙って、耐え苦しんでいるという事実でした。さらに、感動したのは、悩んでいる子どもたちの多くが、手紙の最後に、お礼だけでなく「中森さんもがんばってください」「これからも元気でメッセージを届けてください」といった、「励まし」の言葉を書いてくれることでした。大人でもこうはいきません。傷ついている子どもほど、デリケートでやさしく、人を思いやるこころの持ち主なのだとわかり、暗たんとしたものです。あのときの子どもたちは、今どうしているでしょうか。

さきごろ、米国版の『天使のメッセージ』をニューヨークで出会った中年男性に差し上げました。その方はその場でページを開き、読んだあと、「私は、自分は今、なぜ生きているのかをよく考えるのです。いいメッセージですね。ありがとう」と言われました。あとで友人に聞いてわかったことですが、彼は、九・一一の日、当然あのビルにいるはずのところを、急用ができて助かったそうです。こころの傷、ストレス、悩み、悲しみ、恐れなどの原因が、ごく日常のなかに潜んでいる今日です。私たち一人ひとりが、こころといのちを敬い、大切にし、感謝し、助け合うことで、苦しむ子どもや人々をつくらない、安らぎと思いやりのある、あたたかい世界にしていかなければならないと思うのです。

「生命《いのち》」を讃えるメッセージ

二〇〇二年、毎日新聞は、創業一三〇周年の記念事業として、「次世代へのメッセージ」という特集を展開しました。そのとき、かつて横尾忠則さんとのコラボレーションで出版した本『天使の愛』を見た新聞社の依頼を受け、「生命《いのち》」「生きる」をテーマにして、四つのメッセージ「ありがとう」「だいじょうぶ」「いっしょだよ」「目を開けて」を発信しました。いずれも、アラスカの大自然を撮り続けた、故星野道夫氏の写真とともに、毎日新聞に掲載され、非常に幅広い分野の方々からありがたい反響をいただきました。そして痛感したことは、「感謝」と「慈《いつく》しみ」、それが、私たちすべてのいのちに「今」必要な、自己治癒力を高め、明るい未来につながるということでした。

最後に、そのなかの一篇を紹介させていただきます。

「ありがとう」

生まれてくれて　ありがとう

生きていてくれて　ありがとう

あなたを抱きしめながら
わたしはわたしを　抱きしめる
喜び　楽しさ　安らぎを　抱きしめる
哀しみ　恐れ　不安を　抱きしめる
困難　試練　絶望を　抱きしめる
希望　勇気　可能性を　抱きしめる
過去　現在　未来を　抱きしめる
人生　太陽　地球を　抱きしめる
わたしが「すべて」を　抱きしめるとき
「宇宙」が　わたしを　抱きしめる
こうして出会えて　ありがとう
いつか　別れの時は　くるけれど
永遠に消えはしない　生命《いのち》の煌《きらめ》き
生かされている「生命《いのち》」を抱きしめて
生かせる「今」を　ありがとう！

第6章 いのちとは何か、生きるとは何か

編著者　下村満子／しもむら・みつこ

慶應義塾大学経済学部卒。ニューヨーク大学大学院修士課程修了。朝日新聞ニューヨーク特派員、ハーバード大学ニーマン特別研究員、『朝日ジャーナル』編集長、朝日新聞編集委員などを経て、フリーのジャーナリストに。同時に財団法人東京顕微鏡院及び医療法人社団「こころとからだの元氣プラザ」理事長、経済同友会副代表幹事（現幹事）を長年務め、現在同財団の特別顧問。ほか福島県男女共生センター「女と男の未来館」館長、株式会社ルネサンス取締役など役職多数。ボーン上田国際記者賞、コロンビア大学アテナ国際賞などを受賞。『Made in Japan』『下村満子の大好奇心』ほか著書多数。

なぜか無性に涙が出てしまった年頭の挨拶

正月休み明けの第一日目。どこの企業の社長さんも、新年初出勤の第一日目には、全社員を集めて今年一年の抱負、目標、決意、社員に望むことなど年頭の挨拶をします。私も、毎年、健康事業総合財団〔東京顕微鏡院〕および医療法人社団「こころとからだの元氣プラザ」の理事長として、年頭には、職員に全員集まってもらい年頭の抱負を語り、メッセージを発し、皆に目標を共有してもらう習慣になっています。

十年余、私は正月休みを夫とハワイで過ごすことにしています。日ごろ、土曜も日曜もない貧乏暇なしをやっているため、せめてお正月くらい、非現実に飛びたい、真っ青な空と海、燦々《さんさん》たる太陽のもとで、すべてを忘れたい、というのがその理由です。

が、休暇が終わり、日本に帰る日が近づくにつれ、だんだん気持ちは現実に戻ります。その一つが、新年第一日目の年頭に今年は職員にどんな話をしようか、ということです。原稿をつくることはしませんが、どんなテーマで話すか、何を今年の目標に置くか、幹部職員だけでなく入職早々の若い男女を含むすべての人たちが集まるので、トップとしてのメッセージをわかりやすく話さなければなりません。私なりにいろいろ考え、だいたいの構想は頭のなかでまとめ帰国しました。

それは二〇〇五年のことでした。一月五日はよく晴れた、穏やかですばらしい日でした。会場には五百人近い職員が一堂に集まり、私の第一声を待っていました。壇上に上がると、皆の目が一斉に私を見つめています。理事長は何を言うだろう、という真剣な眼差しでした。「皆さま、明けましておめでとうございます。元気で家族と一緒に、良いお正月休みを過ごしましたか?」と最初の挨拶をし、壇上から皆の顔、眼差しを見渡していたら、何か、皆の頭の後ろから後光が射しているように見えました。何とありがたいことか、この人たちが頑張ってくれているから、私を信じて付いてきてくれているから、何とかこうして無事に新年を迎えることができたのだ。そういう思いが急にこみ上げてきて、素直にそれを言葉にしました。

飯田橋にメディカル・センター「こころとからだの元氣プラザ」を開設し、職員たちとともに、無我夢中で過ごした二年間のことが頭の中を駆けめぐり、事前に用意してきた年頭の話などどこかに吹き飛んでしまい、ただ「皆さん、ほんとうにありがとう、ありがとう。皆さんが頑張ってくださったおかげです」と繰り返していました。なぜか、無性に涙が出て、話も涙声になっていました。

感謝の気持ちを表現して生きる

ちょうどその数日前には、スマトラ沖で大地震が起き、津波による犠牲者はその時点でも数千人に上るだろうと報道されていました。

「今この瞬間、この同じ地球上で、津波によりたくさんの死者が出、一家が全滅になったりしています。世界に目を向けても、飢えや戦争やテロなどで多くの人に想像を絶する悲劇が起こっています。

今日こうして私たちは、一人も欠けることなく顔を揃え、平和で幸せな新年の第一歩を踏み出すことができました。皆さんは、当たり前だと思っているかもしれませんが、じつは、これは大変に幸運なことなのです。

それに、いろいろ不満もあるでしょうが、少なくとも職場と収入があり、衣食住の心配をせずに、ささやかでも、家族が元気で一緒に新年を過ごせることが、どんなに貴重でありがたいことか考えたことがありますか？　この地球上で、現在、飢える心配をせずに暮らしている人は、全人類六十億人のうち、十パーセントにも満たないのです。

そのことに思いを馳《は》せれば、私たちはまず感謝の気持ちを持って日々を過ごすべきなのです。不満よりも感謝、そしてその感謝の気持ちをどうやって世の中に表すか？　親、妻や夫、子ども、職場、同僚、部下、上司、お客さま、日本社会、地球社会全部に感謝し、そして皆がより幸せになるために自分は何ができ、何をすべきかを考え、そして行動することが大切です。まず第一歩は身近なことからはじめましょう。皆さん、今年の私からのメッセージとキーワードは『感謝』と『ありがとう』です。今年は『感謝とありがとう』で一年を過ごしましょう！」

私は、そう締めくくりました。

どうしてこんな話になったのか、自分でもよくわかりませんでした。それは、堰《せき》を切ったように私の口から溢れ出てきたもので、考えたり、計画した話ではありませんでした。何か、私の潜在意識下からほとばしり出てきたのであって、私の奥深いところにあるこころと宇宙のこころが一体となり、ああいう形で発信をした、言い換えれば、天が私に話させたのだ、としか思えませんでした。

すべてを失ったあの日を原点にゼロからの出発

ちょうど二〇〇五年は戦後六十年の年でした。人間にたとえれば「還暦」です。還暦というのは、生まれたときの干支《えと》に還るということで、言わば原点に還る、振り出しに戻るということでもあります。戦後生まれが人口の半分以上、つまり日本人の多数派となった今、私は改めて、あの時代のことを思い出します。日本人は、もう一度、あのすべてを失った、すべてがゼロに帰した、あのときのことを思い出すべきではないかと思います。

私は終戦を、満州の新京で迎えました。今の中国東北部、長春です。戦後生まれの方はご存じないかもしれませんが、漢族、満州族、蒙古族、朝鮮族、そして日本民族、この五つの民族が協力して平和に暮らそうという「五族協和」の理想のもとに、昭和七年、中国東北部に満州国という国が日本によって建設されました。実際は、日本の中国に対する植民地支配の拠点、謀略によってつくられた傀儡《かいらい》国家だったと、今では理解されています。わずか十三年五カ月しか存在せず、昭和二十年八月、日本の敗戦とともに姿を消しました。その満州の首都新京で敗戦を迎えたとき、私は六歳でした。

父は当時の国営企業、満鉄の子会社、満州鉱山という会社に勤めていました。幼児だったので、自分の体験とあとで親から聞いた話などがごっちゃになっており、時系列的な後《あと》先《さき》は多少間違っているかもしれませんが、当時、中国では共産軍と蒋介石軍が市街戦をやっており、私たちの住んでいる住宅街も戦場でした。家の中に銃弾が容赦なく撃ち込まれるので、わが家では日中は押し入れの中で過ごしました。蒲団《ふとん》を防弾用に押し入れの前に積み上げて中で息をひそめているのですが、その蒲団に銃弾がブスッ、ブスッと突き刺さります。怖かったです。

早朝、押し入れから恐る恐る這い出して、そっと庭を見ると、鉄砲を持った兵隊さんたちの死体の山でした。助けを求めて玄関まで這いずってきて、扉にもう一息というところでこと切れた状態の、銃を片手に硬直状態の死体もたくさん見ました。母は医者でしたので、近所のお宅から「食事をしていたら、弾が飛び込んできて夫のお腹を貫通した。助けてください！」と呼びにこられることもあり、医者の使命として行かないわけにはいかず、市街戦場の弾の飛び交う中を、父は母を一人行かせるわけにはいかないと、母の手を引いて一緒に出かけることも度々でした。思えばよく生き長らえたと思います。私たち子どもは、その間押し入れの中に取り残されるという状態でした。

幼いこころに焼きついた生と死の極限

その後、いよいよ首都は危ないというので、社宅の日本人家族は満州南部に疎開をすることになり、石炭をたくさん積んだ屋根のない貨物列車の石炭の上に乗って、逃げました。行けども行けども何もない中国の荒野を、何日も貨物列車の石炭の上で過ごしました。雨が降れば容赦なくからだは水浸しです。その道中、いろいろなことがありました。親と離れ離れになり、家族が別れ別れになったこともあり、思えばあのときすんでのことで中国残留孤児になりかかったのだと、あとで振り返り、奇跡的に家族がめぐり会ったことの幸運に感謝したものです。ですから、後に、中国から親を探しに日本にやって来て、「私のお母さん、お父さんを探してください」とテレビなどで訴える中国残留孤児を見て、人ごととは思えず、一晩中テレビに釘づけになったことも度々です。私も、テレビで「親を探してください」と訴える側になっていたかもしれないのです。ほんとうに紙一重でした。

そして日本は敗れ、新京に戻ってきた後も、苦難は続きました。父が侵攻してきたソ連軍に連行されたのです。父がソ連兵に殴られている姿は今でも目に焼きついています。父だけでなく、近所の日本人男性はみな連行されました。夫を連れ去られた日本の妻たちと女性たちは、ソ連兵に凌辱《りょうじょく》されるくらいなら死んだほうがいいと、医者だった母は、自分はもちろんですが、ご近所からも頼まれて青酸カリを調合して、皆に配りました。それを皆懐《ふところ》に入れて、いつでも死ねるように準備を整えていました。

余談ですが、母が青酸カリを薬を計る秤《はかり》にかけて小分けしているとき、何かの拍子に青酸カリの粉が付いた指先を口に持っていったらしく、母が大きな悲鳴をあげて台所に駆け込み、水をがぶ飲みしている姿も目に焼きついています。子どもである私にとっても、それは恐怖と衝撃の一瞬でした。幸い、微量だったのでしょう、母は一命を取り止めました。数日後、父をはじめ男たちは解放され、私たちは死なずにすんだのですが、早まって青酸カリを飲み、一家心中してしまった家族もありました。

その後にきたのは、中国人による略奪です。わが家に中国人が押しかけてきて、目の前ですべてを強奪していきました。私の大事なお人形やおもちゃやきれいなお洋服も全部持っていかれました。そして、住んでいた家も奪われ、私たちはこれまで中国人の住んでいた雨漏りのする藁葺《わらぶ》き屋根のぼろ家に仮住まいとなりました。戦争に負けるとは、そういうことなのです。

今生きているこの瞬間を大切に

語りだしたらキリがありません。つまり、私たち日本人は、まさに無一物の乞食同然となったのです。ベトナム戦争やアフガン、イラク戦争の報道をテレビで見たり、アフリカやアジアの貧しい子どもたちの生活について見聞きするとき、ふと、あのときの私たちはもっと酷い状態だったのではと思うことがあります。

ただ、今こう書いていると悲惨ですが、子どもだったせいか、あるいはその中で毎日生きるのに精一杯だったせいか、当時はそれほど惨めな気持ちになっていなかったような気がします。

忘れてしまったのかもしれませんが、そういう感情の記憶がありません。ただ、食べるものといえば家畜の飼料である高粱《コーリャン》とか粟《あわ》しかなく、それがどうしても喉を通らず、吐き出してしまったのは覚えています。栄養失調で結核にかかった母は「死ぬ前に、一粒でもいいから、白いお米が食べたい」と言っていました。

ただ一つだけ言えることは、当時の日本人は、老若男女すべてが、六歳の幼児であった私でさえも、毎日「死」と向き合っていたということです。死が、きわめて日常的なことだったのです。

あの状況の中で、私はいつ死んでいてもおかしくなかったのです。むしろ、今振り返ると、よく生き残ったと思います。今生きていることじたい、奇蹟なのです。

ですから私の潜在意識の中に、「私はあのとき、一回死んだのだ」という思いが深く根ざしているような気がします。

本書のまえがきで「十歳のときから、『死』ということが私の人生の大きなテーマであり、それは裏返すと、『生きるとは何か』につながっていく」と書いたのは、こうした幼児体験が関係しているのだと思います。

一度死んだのだから、今生きているこの瞬間瞬間を大切に、そして意味のある生き方をしたい、という思いが人一倍強いのかもしれません。また、私の「生」は、天からいただいたもの、村上和雄先生の言葉をお借りすれば「サムシング・グレート」からいただいたもの、と思わざるをえないのです。

私のいのちは、私のものではない、ということです。

ですから、いつまで生きるか、いつ死ぬかも「おまかせ」、という気持ちです。

人々が夢を持ち未来が輝いていた時代があった

さて、戦後六十数年。私たちは今、平和で豊かな日常の中で、そんな時代があったことさえ忘れて暮らしています。生きるために必死にならなくとも、そこそこ生きられる今の時代です。

でも、今の日本は何か狂っています。わずかなお金のために、平気で人を殺す。十代の女の子が「援助交際」などという名のもとに、平気で売春をし、それがまるでファッションのようにメディアで扱われる。母親がパチンコをして遊んでいる間に、車の中で赤ん坊が熱射病で死んでしまうとか、自分の子どもを虐待《ぎゃくたい》して殺してしまうとか。

今よりはるかに貧しかった戦前の日本、あるいは無一物になった敗戦直後の日本でも、こんなことはなかったと思います。女性が身を売るのは、たいていそうしなければ一家心中しなければならないほど貧しい場合でした。今のように、ブランド物のバッグや洋服が欲しいから身を売るなど、ありえませんでした。女の子と遊ぶ金や車が欲しいなどということで人を殺すこともありえませんでした。自分の子どもを平気で殺したりする親の話など、聞いたことがありませんでした。戦後の日本は物質的には豊かになりましたが、その分、こころは貧しくなってしまったような気がします。いったいどうしてこうなってしまったのでしょうか。

戦争で、日本人はすべてを失いました。そして、価値観も一夜にして、白が黒になりました。今まで信じていたものが、すべてひっくり返ったのです。

でも、とにかく日々、生きなければならない。子どもを育て、家族を養わなければならない。食べなければならない。ただそれだけで、日本人は無我夢中で働きました。戦時中戦争に向けられていた情熱が、今度は経済的豊かさを求めることに向けられました。企業戦士たちは、神風特攻隊なみに命懸けで働きました。私の大学時代は、今思えば、高度成長の入り口に差しかかったころでした。一流大学出の一流企業の初任給が、一万五千円から二万円程度でまだまだ貧しかったのですが、毎年必ず給料は上がり生活は少しずつ良くなると、人々は夢を持ち、未来は明るく輝いていたような気がします。

いずれにせよ、日本全体が、もっともっととモノの豊かさを追い求め、がむしゃらに働きました。少なくとも、情熱を傾けるものがあった時代でした。その結果、日本は、気がついてみれば、世界第二の経済大国になっていたのです。

〝ソフト〟の入れ替えに失敗した日本

本来なら、そこで〝ソフト〟を入れ替えるべきでした。衣食足りるようになったのですから、礼節、つまり人間としてもっと高いもの、目に見えない大切な価値、こころの豊かさ、「足るを知る」という考え方、利他のこころ、世界への貢献といったほうへ向かえばよかったのです。実際、八〇年代の初めごろから、「モノからこころへ」などというキャッチフレーズを、新聞などでときどき見かけるようになりましたが、実際には、モノを求める怒濤《どとう》のような流れの中で、かき消されていきました。実際豊かになったにもかかわらず、日本の国の「物質的拡大」を求める〝ソフト〟はそのままでしたから、自転車操業と一緒で、日本はもっともっとと自転車を漕ぎ続けなければなりませんでした。

日本人の、もっともっとという物欲はさらに拡大していき、バブルに狂奔し、ついにはバブル崩壊へと突っ込んでしまうのです。

八〇年代の初め、私は朝日新聞の特派員としてニューヨークに駐在していましたが、ちょうどハーバード大学のエズラ・ボーゲル教授の『ジャパン・アズ・ナンバー・ワン』がベストセラーになっており、日本からやってくる経営者、官僚、政治家たちは「アメリカの時代は終わった」「もはや、アメリカに学ぶものなし！」などと豪語していました。日本がコロンビア映画社やロックフェラー・センターなどアメリカの企業や不動産を買い占めたりし、日本人が大変不遜《ふそん》になっていました。

が、欧米では日本を「日本株式会社」「日本の国全体が巨大な産業マシン」「日本は顔も心も見えない国」などと揶揄《やゆ》していました。後に私がジャーナリストのためのニーマン特別研究員としてハーバードから招聘《しょうへい》されたとき、一年間、ボーゲル教授の二階をお借りして住まわせていただいたので、ボーゲルさんとは、よく日本論を闘わせたものです。いずれにせよ、このころから日本人は少しおかしくなりはじめたように思います。お金がいちばんという拝金主義が蔓延《まんえん》し、人間にとって最も大切なものは何か、何のために生きているのか、お金は何のために使うべきなのかといった議論、徳を積むとか、こころとか精神といった話は、復古主義、青臭い書生論として馬鹿にされるような風潮でした。

貧しいときは、モノを追い求めて当然です。問題は、衣食足りるようになっても〝ソフト〟を入れ替えることをしなかったことです。その点で、日本は失敗したと言わざるをえません。

一家そろって坐禅をする習慣をつくった父

さて、私自身の話ですが、私たち一家は、終戦から一年後、身一つで満州から引き揚げてきました。貨物船の船底に自分が寝るだけのスペースにマグロのように並べられ、さながら奴隷船のようでした。栄養失調と病気で次々と人が死んでいき、毎日船の甲板から死体をドボーン、ドボーンと海に投げ捨てていました。子どもごころにも強烈な光景で、それをじーっと見ていました。

日本に帰って来てから、両親は鎌倉に何とか落ち着き生活をはじめましたが、父は一時期ちょっと喪失状態になっていました。一高、帝大法学部を出て、幹部候補生として満州に渡ったのですから、戦争にさえ負けなければ多分輝かしい未来が約束されていたのだと思います。

それが一夜にして、すべてがひっくり返り、今まで信じていたもの全部が否定され、すべてが間違っていたことになったのですから、当然のことだと思います。「何のために生きているのか」「なぜ生きなければならないのか」、それが解決しない限り何をしても意味がない、そう思ったと、後に父は私に話してくれました。

父はもともと文学青年でもあり、哲学青年でもあったようです。若いころからゲーテやカント、西田幾多郎などを読み、禅には興味を持っていたようですが、鎌倉に住んだこともあって、毎朝四時に起きて自転車で北鎌倉の円覚寺に参禅に通うようになりました。その後も、本物の師を求め転々としていましたが、安谷白雲という老師にめぐり会い、「これぞわが師」と決めて弟子となり、修行に励みました。白雲老師は、自分のお寺も持たない貧乏老師だったので、父は「鎌倉白雲会」をつくり、老師を鎌倉にお招びして、坐禅会を開催していました。

そんなわけで、父の号令で坐禅をはじめさせられたのは小学校五年のころでした。土日や夏休みなどには、「さあ、十五分でもいいから皆一緒に坐《すわ》ろう」と、父は私や弟たち、そして母も含め、一家そろって坐禅をする習慣をつくりました。

はじめは足がしびれるし渋々でしたが「坐禅をすると、集中力ができ、試験のときも上がらなくていい成績が取れるよ」という言葉に惹かれ、現世的なご利益にあやかりたいとやっていました。

その間に、父は機会あるごとに、仏教の教えをわかりやすく話してもくれました。

キリスト教と仏教の「死生観」の違いに悩む

じつは私は、小・中学校をカトリックのミッションスクールに行きました。学校では宗教の時間があり、聖書を読み、カトリックの教えを勉強し、ロザリオを手放さず、学校の帰りには必ずお御堂《みどう》(教会)に寄ってお祈りをして帰る毎日でした。そして、家では、坐禅。やがて、私が宗教の時間に熱心に質問をするので、マスール（シスター）は、私に洗礼を受けるように勧めるようになりました。私は、仏教とキリスト教の違いをハッキリ知りたいために熱心に質問していたのですが、洗礼を勧められて、すっかり悩んでしまいました。

どうしても洗礼を受ける決心がつかず、多感な中学になると少々ノイローゼ気味になり、親に相談したところ、宗教とは関係のない学校に行ったほうがいいということになり、また将来、私を医学部に入れたいという父の思いもあって、慶應女子高に入りました。

私が子ども心にも最終的に洗礼を受ける決心がつかなかったのは、仏教とカトリックの「死」についての教えの違いでした。キリスト教では、この世で良いことをした人は死んだら天国へ、悪いことをした人は地獄に行く、一度地獄に落ちたら永遠に地獄だし、天国へ行ったら人は永遠に神のご加護に恵まれ、至福のときが得られる、すべてはこの世で生きているときに何をしたかで決まる、と教えられました。

一方、禅宗では、死んでから地獄や極楽に行くのではない、地獄も極楽もこの世にもある、すべては因果の法則によっており、今日からでも善行を積めば必ず良い結果として返ってくるし、悪いことをすれば必ず悪い結果となる、死んだら終わりではなく、人は何度でも生まれ変わるという、いわゆる輪廻転生《りんねてんせい》の思想が基本にあるので、いつ良いことをはじめても決して遅すぎることはない、悪いことをしても反省して、良いことをすればいいのだ、というきわめて楽観的な死生観を持っています。

私には、禅宗の死生観のほうが何とはなしに納得がいくような気がしてなりませんでした。神が悪いことをした人間を永遠に地獄で苦しませるような、無慈悲な存在とは思えなかったのです。神の愛は無限のはずですから。

もう一つ、あえて言うなら、キリスト教の神は絶対神で、人間は神によってつくられた存在、つまり人間と神の間には絶対的距離があります。仏教では、仏は人間の手の届かない、キリスト教でいう神のような存在とは考えません。仏は人間が目指すべき理想の姿であって、すべての人は仏になれるし、「衆生本来仏なり」という言葉があるように、じつはもともと仏なのだ、仏になる潜在性を持っている、ただ凡人はそれに気づかないだけだ、と言います。

仏教でいう「悟り」とは、それに気づくことで、特別のことではなく、誰にでも可能なのです。だから、仏は一神ではなく、無数にいるのです。人間の数だけいるのです。これも私には自然に思えました。

坐禅の修行が私の生きる原点になった

そんなわけで、宗教とは関係のない学校に入り、私はこれまで以上に坐禅に励むようになりました。鎌倉白雲会の坐禅会にも熱心に出席し、大勢の人たちと一緒に坐ることのすばらしさも知りました。同時に、「生と死」「死の意味」「宗教」「哲学」に関する小説や本をたくさん読みあさりました。

大学生になってからは、さらにそれが進み、安谷白雲老師の練馬の小さな住まい（老師は自分のお寺を持っていらっしゃらなかったので）で年何回か開催される接心《せっしん》（一週間泊まり込みの集中坐禅会）に欠かさず参加するようになりました。それは今思い出しても、よくぞ続いたと思うほど厳しい修行でした。

まず、禅堂では一人一畳が生活空間で、そこで坐り、食べ、男女雑魚寝《ざこね》で寝る。朝四時に起床、便所掃除、庭掃除、食事の支度などを皆で行います。その間、お喋りは禁物。早朝の坐禅の後、無言で朝食、読経、坐禅、講話、坐禅。坐禅中には、ボンヤリしていたり、集中力を欠いていると、警策《けいさく》でピシッ、ピシッと容赦なく肩を叩かれます。どんなに痛くとも、それを合掌してありがたくいただきます。朝から晩まで、一日計十時間は坐りますが、夏などは薄着ですから、そうやって毎日肩を叩かれていると、血が滲み、そこが膿んできます。そこをまた容赦なく警策が飛んでくるという、かなり激しいものでした。

歯を食いしばり、ときには涙を流しながら、これに耐え修行を続けました。でも、そうした接心の後の爽やかさはたとえようもなく、木々の緑も空の色も、こんなに美しかったかと思えるほど、毎日当たり前と思っていた回りのすべてのものが、みずみずしく新鮮で、まるで別世界に来たようにこころが軽く幸福感に包まれる毎日でした。

それで、ますます病膏肓《やまいこうこう》で、接心だけでは足りず、今度は老師の住まいに泊まり込んで修行する毎日となりました。朝四時起きで、便所掃除からはじまり、早朝の坐禅、読経《どきょう》等々を済ませてから、大学に通い、またお寺（老師の住まいを私たちは太平寺と呼んでいました）に戻るという大学生活を、ある時期続けていました。もちろん、クラブ活動も、ゼミの活動もしていましたが、友人たちが遊んでいる間、私は坐禅の修行をしていたことになります。

いま思い返すと、あれが私の原点であり、非常に貴重な人生の一時期だったと思います。私の人生観、死生観、生き方、物の考え方は、このとき基礎が形成されたといっても言いすぎではありません。もちろん、あくまで土台だけで、その後長い時間をかけて、その上に家を建てていったわけですが。

生きるとは、自己発見、自覚、悟りへの活動である

さて、本書のテーマに戻ります。いのちとは何でしょう、生きるとは、死とは何でしょう。言い換えれば、人間とは何でしょう？

人間は、いつでも、どこでも、不安と苦悩と闘いながら生きていかなければなりません。ことに、現代社会のストレス、緊張、不安、苦悩は、どんどん高まっています。入試の不安、就職の不安、恋愛、失恋の悩み、結婚、結婚生活をめぐる悩み、生活の苦悩、夫婦・家族の葛藤、子どものこと、仕事の悩み、職場の苦悩、リストラの不安、老後の不安、病気の不安、死の不安、エトセトラ。そうした困難に耐えられず、鬱《うつ》になったり、自棄《やけ》を起こしたり、自殺したり、犯罪に走ったり暴力を振るったり……。

人間不信が横行し、人間性善説ではなく性悪説を信じる人のほうが多い時代です。人間社会に絶望感を抱いている人たちもたくさんいます。殺人、暴力、テロなどが世界中に蔓延しているのも、そうした人間の心が、現象となって現れているのだと思います。

だからこそ、ここでどうしても伝えたいのです。

さきほどキリスト教と仏教の違いのところでちょっと触れましたが、仏道（禅道）では、人間は完全円満、無限絶対の実在であると断言します。人間のいっさいの不安、苦悩は、人間が本質において完全円満、無限絶対の存在（仏）でありながら、現象としては不完全きわまる、有限相対の、はかなき、いと罪深き存在として現れており、しかも人間は、生まれたままの状態では、自分の完全円満、無限絶対の本性（仏性）を知ることができない、という事実から発生しているのです。

この世での人間のあらゆる努力、苦闘、精進は、この本質の自己を発見、自覚、悟るための活動であって、すべての人間は本能的に、これを求めて生きているといえます。不完全で、有限のちっぽけな存在だと思い込んでいる人間が、完全で無限絶対の自己の本質に目覚めたとき（禅ではこれを、悟りと言っています）、人間のいっさいの不安、苦悩は吹き飛び、歓喜に満たされるといわれています。

でも、こんなことを理屈と論理でいくら説明しても、おそらく百パーセント納得させることはできないと思います。たとえば、私が修行で体験したことをいくら口で説明しても、それは結局理屈になってしまって、その真の感覚は説明できません。

でも、少なくとも、人間肯定か、人間否定かによって、人の生き方は大きく変わります。

海の中は静かで微動だにしない

父はよく、「砂糖の甘いという味を知らない人に、いくら砂糖の甘さについて口で説明しても永遠にほんとうの味はわからない。砂糖についての何百ページの大論文を読んでも、わからない。それどころか、読めば読むほどわからなくなる。一番簡単なのは、砂糖をなめてみること。それで一瞬にわかる。理屈はいらない。学問の有る無し、頭の良し悪しもいっさい関係ない」と言っていました。

父はまた、「人は死ぬけど、ほんとうは死なないんだよ。人間はみな、陸の上にいるのに、沈む沈むと騒いでいる。これを陸沈という。陸の上にいるのだから沈みようがないのに、だから安心なのに、どうしてわからないのだろうね」とも言っていました。

私はよく、死についてこんなような説明をします。大海と波にたとえて話します。海の表面は常にたくさんの波がざざーっ、ざざーっとうねっては消え、消えてはまた波立っています。海のそうした表面を、私たちが生きている現世の世界と考えましょう。現象界といってもいいでしょう。波を、一人ひとりの人間だとしましょう。大きな波、小さな波、中くらいの波、波にさえならない泡、さざ波、いろいろあります。

現世的にいえば、大きな波は立派で力強く、人間でいえば偉い人、地位の高い人にたとえられるかもしれません。中くらいの波はまあ、そこそこの並の人、泡は誰にも見返られない人、などなど。

でも、小さな波も大きな波も、ほとんど一瞬のうちにもとの海にざーっと返っていき、消えてしまいます。大きいも小さいも泡も関係ありません。でも、またすぐに、新しい波がいくつもいくつも、次々に出てきては海の中に消えていきます。

海はこれを永遠の営みとして繰り返します。

ところで、この営みを、反対の海の底から見たらどうでしょう。海の底から見る限り、海の表面で大波、小波がどう波立っていようが、関係ありません。海の中は表面で嵐が起こり大しけとなっても、平静で微動だにしません。これが本質界です。

しかも、一つひとつの波は、海の表面から見れば別々に見えますが、じつは下ではつながっているわけで、ほんとうは一つの海です。しかも波は瞬《またた》く間に大海へと返っていき、別々に見えていた大波、小波、泡さえも、大海へ返れば一つに混じり合って、まったく区別がつきません。そしてまた、別の波になって表へ出ていきます。その波は、さきほど別々の波だったものが一緒になっているかもしれません。

生と死はコインの裏と表である

人間でも同じことです。大海を「いのちの源」と考えれば、今こうして生きている私たちは、海の表面の波みたいなものです。大波、中波、小波、泡、現世的にいえば、偉い人、成功者、ちっぽけな人、お金持ち、貧乏人、いろいろでしょう。それも、表面だけを見れば大小の差があるように見えますが、本体の海の側から見れば、大波も小波も含め全部自分の一部なので、波の大きさを論じることじたい無意味なのです。

しかも、波が立つのはほんの一瞬のこと。人生長いようで、永遠のいのちから見れば、一瞬なのです。そして、死は、ちょうど波が大海に戻るようなもの。永遠のいのちの源に戻るのですから、別になくなるわけではない。母の懐《ふところ》に戻るようなものですから、安心なのです。しかも、ここでは、あなたも私もありません。一つです。一体です。じつは波のときだって、前述したように、表面から見れば別々の波でも、下では一つなのです。

この説明を私は割に気に入っているのです。わかりやすくありませんか？　私たちが日ごろ、泣いたり、笑ったり、怒ったり、悲しんだり、恨んだり、憎んだり、愛したりして、死ぬの生きるのと大騒ぎしていること、また政界の権力闘争や、バブル崩壊だ倒産だ大儲けしたなどと、目をつり上げて論争していることも、じつは、この表面の波の部分にすぎないのです。そうしたすべての現象を包み込んでいる本質界について語る人はほとんどいません。むしろ太古の昔は、人間はもっと謙虚で、自分たちは大自然、大宇宙の一部であることを知っていたように思います。

現代はすべてが短絡的、現世的、瞬間的、即物的、虚無的な時代です。目の前のこと、目に見えるもの、手でつかむことのできるものしか信じない、信じられない悲しい時代です。

ほんとうは、生と死は同じもので、コインの裏と表みたいな関係で、分けられません。大本《おおもと》というより、何度も繰り返すようですが、死ないのです、死にようがないのです。大本に還るだけですから。こう考えると、死というものも、あまり怖くなくなりませんか？

チベットのダライ・ラマ法王とは、亡命政権のあるインドのダラム・サラなどで何度かインタビューをさせていただき、その後も何回かお会いしていますが、法王は、死についてこんな表現をなさったのを覚えています。「死って、別に特別のことではないですよ。いま、今着ている服を何気なく脱いで、ふっと隣りの部屋に入っていく。そんな感じですかね。何も変わりませんよ」そう言って、「はっ、はっ、はっ」と高笑いされました。

いい原因をつくれば必ずいい結果が現れる

「なぜ、この世はこんなに不公平なのですか？　餓死するほど貧しい人、貧しい国に生まれてしまった人、何百億円も稼ぐ超大金持ち、生まれつき身体の不自由な人、あるいは難病に苦しむ人、戦争やテロや暴力に苦しむ人、災害、災難で亡くなったり、すべてを失う人、この世には、あまりに多くの不幸や災難、不公平があります。なぜですか？」

よく聞かれる疑問です。まったくそのとおりだと思います。どんなに人のために尽くし、利他のこころで毎日を過ごし、誠実に正直に生き、反省の日々を過ごしていても、いろいろな災難や不幸、病気などに見舞われることもあります。

一方、強欲で、利己的で、人を泣かせることや悪いことばかりしている人が、豪邸に住み、何やら結構な生活をしている例もたくさんあります。正直者が馬鹿をみる、という言葉もあります。神も仏もない、と思いたくなることもあります。だから、真面目に、正直に生きて何になる、と自棄《やけ》を起こす人もいます。

仏教的にいえば、因果《いんが》の法則により、今の現象が現れている、ということになるのです。

そういう意味では、大変厳しいようですが、現在の自分の状況はすべて過去の投影、これまでその人のやってきたこと（考えてきたことも含め）の結果として現れている現象だ、というふうにいいます。

稲盛会長も本書の中で「良きことをすれば良い結果が生じ、悪いことをすれば悪い結果となって現れる」とおっしゃっていますが、まったくそのとおりだと私も思います。百パーセント同感です。実際、私の周囲を見ていても、一時的には不公平に見えても、長い目で観察していると、恐ろしいほどきちんと、やったことの報《むく》いは返ってきています。

言い換えれば、一個人の人生に起こるさまざまな事柄、さらには国や、社会で起こっている諸々のことは、非常に長いスパンで見れば、すべて原因があって起こっていること、一つとして偶然はない、ということです。

ただ、仏教はさきほどの波のたとえのように、永遠のいのち、輪廻転生《りんねてんせい》という考え方に立っていますから「もちろん、見性《けんしょう》（悟り）の体験をした人は、これをはっきり知ることができるわけですが」、因果の関係は前世でのことも含め、また親や先祖の徳、不徳も含め、複雑に絡み合って出てくるので、そんなに単純なものではありません。が、それでも、いい原因をつくれば、必ずいい結果が現れる。幸せになるためには、他に方法はない、というのも事実です。

こころのレベルが高い人の努力が世界を支えている

私たちはよく無意識に「罰が当たる」とか「因果応報」とか、あるいは「親の因果が子に報い」「あんなことやってたら、ろくなことないよ」などと言いますが、実はそのとおりであって、日本人の文化と意識の底流に、こうした考え方が長い間あったのは事実ですし、今もあるとは思います。

が、残念ながら、本来、親が子へ、先生が生徒に、大人が子どもに伝承していくべきこうした物の考え方は、だんだん薄まってきており、何事もすべては親が悪い、社会が悪い、学校が悪い、政府が悪い、会社が悪い、政治が悪い、世界が悪いと、すべて他者のせいにしてしまい、自分は悪くない、というのが今の風潮です。

でも、そうした今の時代にも、すばらしい子どもたちはたくさん育っていますし、すばらしい親、すばらしい先生、すばらしい日本人、すばらしい人間は、まだまだたくさんいます。それは、すべてが社会のせいではないことを物語っています。個人のこころの持ち方、考え方に帰する部分が多くあると考えないと、説明がつきません。

今の社会が悪く、時代が悪く、学校教育が悪くというなら、すべての人々や子どもたちが全部悪くなるはずです。

でも、そうではありません。むしろ、すばらしい生き方をしている方、こころのレベルの高い方々がまだまだたくさんいて、世のため人のために人知れず努力をし、己を捨て、見返りを求めず頑張っていてくださるから、今の日本、今の世界は、何とか持っているのではないかと、私は考えます。

そういえば、ダライ・ラマ法王も、同じようなことをおっしゃっていたことを思い出します。「平和をどんなに求めても、世界は戦争ばかりだと絶望してしまってはいけない。平和のために世界の多くの人々が、ことに、大国の著名な大統領や大政治家ではなく、無名の多くのこころある人々が、人知れず地味な努力をずっと続けているから、この程度ですんでいる。そういう人たちのお陰で、第三次世界戦争のような大きな戦争はかろうじて阻止できているのです。すべてをネガティブに考えるか、ポジティブに考えるかで、世界はずいぶん違って見えますよ」と。

ポジティブな姿勢、前向きの生き方が幸せの秘訣だと思います。そして、こうありたいという強い思いをこころに描き、それを信じて本気で、しかも全力投球で行動すれば、その結果は必ず、何らかの形で現れます。

自分を変えればまわりが変わる

とはいえ、たしかに、今の日本社会は殺伐《さつばつ》としたこころ貧しい社会になっていますし、政治もひどい、経営者のモラルも低い、世界の状況も悪化しているように思えます。でも、どうしようもない今の大人たちを育てたのは、そのまた親の世代です。今の若い世代は、良くも悪くもその親の世代の投影なのです。

政治だって同じです。嘆かわしいというけれど、そういう政治家を選んだのは、日本の選挙民であり、今の日本の政治は、私たち日本人の投影です。変えたければ、変えるべく行動しなければなりません。良くしようと思ったら、良くするための原因をつくらなければなりません。そうすれば、その結果も出てきます。

教育も同じです。責任放棄をして、文句ばかり言っていると、ことはますます悪くなります。文句は結局、人の悪口になり、愚痴になり、悪い「気」を拡散するだけです。

ではどうすればいいのでしょう。まず、いちばん手近なところからはじめること。それは自分を変えることです。あの人が悪い、この人が悪い、彼が悪い、彼女が悪いといくら言ってみても、相手を変えることは至難の技です。それより、自分自身をより良い人間に、自分自身のこころのレベルをより高める努力をするほうが、ずっと近道だと思います。少なくとも、自分を変えることは自分の意志でできるのですから。

自分の至らないところ、悪いところを変える努力をしはじめると、不思議なことに、自分の環境が少しずつ変わってきます。自分を高めるという良い原因をつくると、その結果として良い状態が現れてくるのです。夫婦、親子、兄弟姉妹、夫の親、妻の親など自分との家族との関係、そして職場の同僚、上司、部下との関係、取引先や仕事関係者、お客さまとの関係、友人との関係等々、自分を取り巻く日常的な人間関係もこれまでより良くなってきます。そうなればまず何よりも、その本人のストレスが少なくなり、何をやる上でもこれまでより楽になり、ハッピーになります。

人間関係が改善されれば、その人に対する信頼関係も改善され、自分に自信もでき、人にもやさしくできるようになってきます。そうすると、それがさらに、よりすばらしい人との関係、より広い交友関係をおのずと広げていく、というように、歯車がいいほうに回転しだすのです。池に小石を一つ投げ入れると、そこから水の輪がどんどん広がっていくのと似ています。

「自分の利益」より相手に与えることを優先する

そうなれば、当然ながら、学生さんなら、親、先生、友人、恋人、先輩あるいはバイト先の上司等々の人間関係からいろいろなことを学び、自分を成長させていくことができ、自分の将来のことについてもアドバイスを受けたり、助けを得たりする機会が自然にできてくるのです。

社会人の場合は、仕事もおのずとスムーズに展開するようになり、人からの助けや援助、思いがけない、いい仕事の話が飛び込んできたり、予期しない責任あるポストやチャンスが与えられたりするようになるのです。

別にそれを追い求めなくても、です。

むしろ、そうした目先の利益や損得を追い求めて人間関係を築こうとすると、それは動機が不純ですから、いい結果をもたらしません。かえって、マイナスです。

次の疑問は、「では、良い原因をつくる、良きことをするとは、具体的にどういうことをすればいいのでしょうか」ということになります。人間は不完全な存在で、神でもなければ聖人君子でもない、そんな立派なことなどできない。凡人に完璧を求められても無理。ごもっともな疑問です。

一言で言えば、「自我意識をできるだけ少なくする」「俺が、俺が、私が、私が」という部分をできるだけ少なくすることだと思います。稲盛会長は「利他のこころ」と表現されています。

「俺が、俺が」の反対が、相手の立場に立って考える、相手を思いやる、相手に与えることを優先する、ということで、まさに「利他」です。

「自分を無にする」という表現もあります。皆同じことだと思います。

でも、「自己の権利」「自己の利益」を最大限主張することが奨励されている今の社会では、あまり流行《はや》らない言葉かもしれません。そんなこときれいごとだ、誰だって自分がいちばん大切だ、という人もいるかもしれません。

でも、人に喜んでもらったり、自分が人の役に立つことができたとき、いちばんうれしいのは、ほんとうは自分自身ではないでしょうか。人が幸福感を味わうのは、自分が何かの、誰かの役に立ったと感じたときであって、人をけとばして、自分の欲望を満たしたときは、後味が悪く、幸せな気持ちにはなれません。

生きている世界だけがすべてではない

五、六歳のころだったでしょうか、父が私をお風呂に入れながら話してくれたことをよく思い出します。父は私を膝の上に抱きながら、
「満子、見てごらん、お湯をこうして自分のほうへ自分のほうへとかき寄せようとすると、ぐるっと逆流して向こうへ行ってしまうだろう。反対に、温かいお湯を向こうの人にあげようと、こうしてあちらに向けてお湯を送ってあげると、逆にお湯の流れはこちらに返ってくるんだよ。たとえば、お金のあとを追いかけて、自分のほうへかき寄せようとすればするほど、逃げていってしまう。反対に、人に施《ほどこ》したり、差し上げたりすると、不思議なことに、気がついたら、自分のところに返ってくる。わかるかい？『情けは人の為ならず』っていう言葉もあってね、世のため人のために尽くしていると、知らないうちに、まるでこだまするように、自分にもそれが返ってくる。満たされ、豊かになり、幸せになるんだよ」と、懇々と話してくれました。

まだ幼かった私ですが、幼いなりにその話に大変こころ動かされ、納得したのを今でも

明確に覚えています。父は私に、生き方の基本を教えようとしたのだと思います。この父の教えは私のなかにはっきりと刷り込まれ、その後の私の生き方の土台になっています。そして、すでに何十年と生きてきた自分の人生を振り返ってみても、それが真実だということを身をもって実感しています。

人の命はこの世だけ、死んだらすべてお終《しま》い、無くなる、と考える人にとっては、この説明は無意味です。ですから、さきほど、いのちの根源の話をしたのです。海と波の例をあげて説明したのです。不安、苦悩、苦しみは、あくまでも海の表面、波の部分の話なのです。が、大部分の人は、この波の部分がすべてであると思い込んで、七転八倒しているのです。永遠の命の源泉、私のたとえで言えば海の底、大海から見れば、現世はほんの一瞬、海の表面の波でしかないのですが、今生きている世界だけがすべてで、死は無に帰することだと考えている限り解答はありません。

でも、ちょっと考えてみてください。じゃ、なぜ人間は、太古の昔から、悩んだり、考えたり、善悪の判断をしたり、愛を求めたり、徳の高い人を尊敬したり、邪悪な人を軽蔑したりするのでしょう。「いのちとは何か、生きるとは何か」などという、このシンポジウムに千三百人もの方々が集まるのでしょうか。

人はこころの存在。死んでも死なない

そもそも、人間が単なる物質の固まりで、その辺の石ころと同じだとするなら、なぜ何かに一生懸命打ち込んだり、努力をしたり、つらい思いをしながら何かをなし遂げようとしたりするのでしょう。なぜ、苦労して何かを達成すると、充足感があり、嬉しいのでしょう。なぜ人に親切にしたり、良いことをすると、気持ちがいいのでしょう。なぜ、人から感謝されると、嬉しいのでしょう。なぜ、嘘をついたり、騙《だま》したり、人を傷つけたりすると、嫌な気持ちになるのでしょう。

単なる石ころだったら、無機質ですから、あるがままに、そこに転がっていればいいじゃないですか。

人間は石ころよりも複雑だから？　そう教えられたから？　そうでしょうか。私は、そうは思いません。こうした本能は、教えられなくとも皆持っています。まさに、本能、いえ、人間の本質だからです。人は、こころを持っているからです。肉体は物質でも、こころは物質ではありませんから、死んでも焼いて灰にしてしまうことはできません。つまり、死んでも、死なないのですよ。

仏道では、人間の本質は無限絶対、完全円満だと言っています。お釈迦様はそう言っておられます。ご自分がそれを悟られたので、それを一生懸命皆に説明しようとしたのが、お経です。「衆生本来仏なり」、つまり、人間一人ひとり、皆仏なのですよ、と言っておられます。

別の言い方をすれば、一人ひとりの人間は「小宇宙」、拡大すれば宇宙そのものです。本質は無限です。本来、そういうすごい存在なのです。

村上和雄先生は、人間は一生かけても、持っているDNAのほんの二パーセントしか使わずに死んでいく人がほとんどだとおっしゃっています。科学的にもそれが証明されつつあります。私はキリストも同じように人間の本質について深い体験をされていて、それを人々に伝えようとされたのが、聖書だと考えています。お釈迦様とキリストの体験された世界は、じつは同じなのだと、私個人は勝手に考えています。それが、長い年月の間に、それぞれの宗教の育った地域や文化や言語や伝達した人々によって、少しずつ表現や中身が変わってきたのでは、と。もちろん、キリスト教の方々から言わせれば、勝手な言いぐさと思われるかもしれませんが。

今の自分は自分のこころがつくった結果である

父のつくった、鎌倉の実家の庭にある禅堂には、世界中から外国人が集まり、一緒に坐っていますが、カトリックの神父様やシスターが非常に多いのが特徴です。見性《けんしょう》の体験をし、禅の公案《こうあん》に参じ、帰国して、ヨーロッパでカトリック禅堂を作った神父様もいます。父は、禅をするからといって仏教徒になる必要はない、カトリックの信者のままでよい、むしろ、よりすばらしいカトリック信者、カトリックの指導者になるために、修行をすればいいと言っていました。宗教というのは、着ている民族衣装のようなもの。人のこころに国境はないと、私は信じています。

今、私たちが毎日、いろいろな問題にぶつかりながら、悩んだり、考えたり、努力したりしているのは、まさに本来の自分に、つまり仏になるためのプロセスだと私は思っています。この世は、そのための修行の場。仏道的にはそうなのです。キリスト教でも、この世では、神がさまざまな試練を与えるといいます。それが天国への道につながる、と。

天国とは「神の国」、私流に言えば「仏になる」こと。「本来仏なのだから、本来の自分になる」「自分が『すべてのいのちの根源』そのものなのだということを悟り、そこへ帰っていく」。そのためには、何度でも生まれ変わって、良い原因をつくり（善行を積み）、こころを高め、良い結果を手にし、さらに精進を重ねる。それが生きるということです。

でも、せっかく五合目まで登ったのに、悪いことをしてしまい、三合目まで山を転げ落ちてしまうこともあるでしょう。上がったり、下がったりです。でも心配することはありません。また登ればいいのです。頂上を目指してさえいれば、必ず到達するときがきます。一歩一歩でも、地道に努力すれば、何事も達成されます。

そうは言っても、そんな難しいことはできない、凡人ですから。たいていの人はそう言います。そんなことを言ったら、人間はみな凡人なのです。偉大なことをなし遂げた人、あるいは皆から敬愛される立派な人も、かつては、凡人だったのです。

でも、ほんとうは、人間は無限の可能性を、潜在能力を持っているのです。それを、自分は凡人、才能がない、能力がない、人より劣ると、自分で決めつけ、自分の可能性を自ら制約してしまっているのです。自分はこれしきの人間だ、と思った途端、「これしきの人間」になってしまうのです。自分で自分に限界をつくり、籠に入れてしまう。自分で自分の手足を縛ってしまう。じつは、今の自分は、自分のこころがつくった自分なのです。

夢中になる、完全燃焼する、百パーセント集中する

　では、どうしたらいいのでしょう。まず「何事にも夢中になること」「完全燃焼すること」。仕事でも、趣味でも、毎日の生活でも、勉強でも、子育てでも、家庭生活でも。

　たとえば、食事をする、という誰もが毎日行う単純な行為でさえ、ほんとうに完全燃焼して行っている人がどれだけいるでしょう。たいていの人が、食事しながらぼんやり別のことを考えたり、テレビを見ていて、何を食べているかさえ自覚していない人もいるのではないですか。さっき起こった不愉快なことを「こんちくしょう！」と思いながら食べていたり、今晩のデートのことを考えていたり……。つまり、集中していないのです。

　そのことに集中していないということは、食事という大切な行為を、たとえば五十パーセントしか行っていない、そして今考えても仕方のないことに五十パーセントのエネルギーを浪費しているのです。すると、食事の消化も栄養の吸収も、当然ながら五十パーセント。完全燃焼しないのです。

　すると、結果として健康に良くない。こういう食生活を続けていると、体調も悪くなり、

それはメンタルな状況も悪くし、人間関係、仕事、家庭生活、すべてに響いてきます。つまり、自分を取り巻く環境が、すべて悪くなってくるのです。

仕事も同じです。いま目の前にある仕事に百パーセント集中し、完全燃焼していれば、こころここにあらずで仕事をしている人より、当然その仕事はうまくいきます。夢中になっているのですから、余計な雑念や、次のことを心配する余地はありません。仕事をしながら「お昼何を食べようか」など、今の仕事に関係ないことを、あれこれ考えながら仕事をしていたら、ミスも出るし、仕事もはかどらないのは当然です。

能力の差だと思っていることの多くが、あるいは、同僚と同じように仕事をしているのに、上司が評価してくれないとひがんでいることの多くも、この、完全燃焼しているかどうかからきていることが多いのです。

だって、こんな退屈な仕事に、あまり好きでない仕事に、嫌な仕事に、完全燃焼などできない、という人がいたら、それは、自分は何をしたいのか、何になら夢中になれ、われを忘れ、燃焼できるのか、自己発見の努力が足りないか、惰性《だせい》で生きているか、です。

逆に、今の仕事にほんとうに完全燃焼するくらい打ち込み、一生懸命やったら、面白くなる可能性は大いにあります。

終わったことは忘れ、明日は心配しない

つまり、たいていの人が、何事にも、デレデレと中途半端で生きているのです。何をやっても、真剣になれず、適当、ほどほど、という人は、当然ながら、結果として、その人の人生もほどほどです。あまり楽しくも、面白くもないでしょう。それは、自分がそれを選択したのです。自己責任です。

すばらしい人生とは、瞬間瞬間、完全燃焼する人生です。食べるときは「おいしい、おいしい」と熱中し、仕事も、一つひとつ今の仕事に完全燃焼し、終わったらそれは忘れ、次の仕事に燃焼する。楽しむときは仕事のことなど忘れて大いに楽しみ、寝るときは徹底して寝る。

つまり、今に完全燃焼し、次々捨てていく。かすを残さない。終わったことをあれこれ言っても意味がないし、まだこない明日の心配をしていてもはじまらない。昨日のことや明日のことを考えると、そのことに一部の意識やエネルギーが消費されるので、今の仕事に百パーセント没頭できない。当然、今の仕事は百点を取れなくなる。昨日のことや明日

のことを考えて、何かプラスになるならまだしも、何の役にも立たない。単なる愚痴か戯言《たわごと》にすぎないのです。

そうやって、瞬間瞬間を完全燃焼して生きていれば、死ぬときも完全燃焼して、フッと蠟燭《ろうそく》の火が消えるように死ねる。いわゆる、ピンピンコロリ、です。不完全燃焼していると、臭い煙が出て、死ぬときも燻《くすぶ》りつづけて、きれいに死ねない。問題は、何に燃焼するか、何に自分が燃えるか、です。

それは、中森じゅあんさんも言っているとおり、まさに百人いれば百通り。みな異なった星、異なった個性、才能を持って生まれ、村上和雄先生流に言えば、異なったＤＮＡを持って生まれているのですから。それは、天、神からの、宇宙からの贈り物ですから。

それを発見する。持って生まれたもの、天からいただいた贈り物を有効に使って、世のため人のためになることをする。それに完全燃焼する。そうすれば、おのずと利他を行うことになるのです。

そして、自分の人生も開花するのです。幸せを感ずるのです。

これは、有名になったり、地位や権力や名誉や財力を持つことと、まったく別のことです。それがたまたま重なり合うことはありますが。

苦しいことも完全燃焼すればチャレンジとなる

自分の人生を振り返ってみても、私はその都度、いろいろなことに自分を燃焼させてきたように思います。学生時代は大学の勉強や部活動、ゼミ活動、読書などなどのほかに、前述したように学生としては珍しく坐禅に。アメリカ留学中は、嫌でも英語によるコミュニケーションと異文化体験との格闘、そして広く世界を見ることに没頭しました。

日本に帰国し、朝日新聞で仕事をするようになってからは、もともと夢見た世界でしたから、ジャーナリストとしてひたすら全精力を傾け、文字どおり完全燃焼、時には命をかけるような場面も何度かありました。別に誰に強制されたわけでなく、ただただ面白く燃焼せずにはいられなかっただけです。

もちろん、楽しいこと、面白いことばかりではありませんでした。編集長と喧嘩したり、悔し泣きしたり、スーツケースとテープレコーダーとカメラを持って、アシスタントもなくたった一人で世界中を三カ月も取材旅行でさまよったり。

でも、たとえどんなに苦しくとも、その苦しいことに完全燃焼していれば、それはチャレンジとなり、つらい思いをすればするほど、成果を手にしたときの喜びは大きくなりますし、失敗しても、そのおかげで成長し、一回り大きくなることができます。何事も、マイナスは一つもないのです。

十数年前に、父が亡くなったこともあり、母から懇願され、朝日新聞社を途中退社し、思いもかけず両親が戦後再建した医療財団の経営の責を負うことになり、私の人生はがらりと変わりました。ジャーナリストはフリーで続けることを条件に引き受けたのですが、実際には、財団といっても別に補助金や公的資金の援助があるわけではない、財政的には完全に自立して運営しなければならない民間機関で、かつ五百人近い職員を抱えているので、その責任は大きく、基本的には一般の企業と同じ感覚で経営をしなければなりません。

自分一人のことを考えれば、正直、長年やってきたジャーナリストを続けていたほうがはるかに楽であり、苦労も少ないのはわかっていました。でも、父亡き後、高齢の母親が一人で孤軍奮闘する姿をみたら、「ノー」とは言えませんでした。これまでろくな親孝行もしてこなかったし、父が病気で入院しているときも、私はジャーナリストとして、世界を駆け回っていて、看病などできませんでした。ずーっと自戒の念にかられていましたので、今は自分のことを捨て、両親にお返しをするときだと思ったのです。

ジャーナリストから医療健康産業の経営者に

私が経営を引き継いだ当時の財団は、高度成長が終わり、バブルが崩壊したときでしたので、赤字転落していました。これも私に与えられた試練だったのでしょうが、いちばん悪いときに引き継いだのです。

ですから、当然、ジャーナリスト活動など一時期投げうって、経営に軸足を移さざるをえませんでした。まさに、建て直しのために全力投球、完全燃焼です。別に、経営の経験があったわけではなかったのですが、一年で黒字転換を図ることができました。

そして、今日まで、医療事業と健康産業に、燃焼する毎日です。その後、財団の医療事業部門を独立させ、医療法人社団「こころとからだの元氣プラザ」を設立し、二つの法人の経営責任を負うことになりました。

医療法人を立ち上げた年、飯田橋の駅のそばに、地下一階地上八階二千坪のメディカル・ビルディングをつくりました。とかく肉体、臓器を診ることのみに偏りがちなこれまでの西洋医学に対し、ほんとうの健康は、こころとからだがともに健康でバランスの取れた状態で、しかも生きることに前向きな姿勢だ、というのが私の信念で、この名前をつけました。医療機関は、病気を治す（マイナスをゼロにする）だけでなく、プラスにしてあげる、こころも含めて元気にしてあげる場所であるべきだと思っています。これには、両親や私の禅の修行などから体得したものを、医療の場でもなんとか実現していきたいという私の思いをこめました。

しかし、このメディカル・センターの実現は、経営者である私にとって、一大勝負でした。株式会社と違い、財団は利益をあげることが原則として奨励されない法人ですから、別に資金があるわけでなく、でも二十一世紀の日本の医療の新しい姿を追求していきたいという気持ちは強く、そのうえ経営的にも健全な体質にして持続的な発展の基礎をつくりたい、という分不相応の高望みにチャレンジしたのですから。

詳しいことは書きませんが、この「元氣プラザ」設立と新しい医療と医療空間へのチャレンジに、およそ足掛け三年、いま思えば、命懸けで取り組みました。正直のところ、私どもの実力からいったら、不可能に近いことに挑戦したのです。ここを突っ切らないと、次へのステップはない、職員の意識の改革もない、職員に自信もつかない、未来もない、と思ったのです。なにか、憑かれたように、ひた走りに走ったように思います。

夜中一人で坐る。突如「答え」がやってくる

トップは孤独だとよく言いますが、実際、あのときは、たくさんの重要な決断を次々しなければならず、その結果に対し多大な責任を負っているわけですから、ときには迷ったり、絶体絶命かと思うような事態に直面することもありました。常に考えることは、自分のことではなく、もし私が間違った決断をしたら、五百人の社員とその家族を路頭に迷わすことになる、ということでした。こうした緊張感は、朝日新聞社から給料をいただいて、それが安いの高いのとのんきにほざいていたときとは、天と地ほどの差があり、これまで決して経験したことのないことでした。

そんなとき、ずっと続けてきた坐禅は、大きな助けになりました。ときに弱気になったり、嫌になったり、誰にも決断を仰げない重大な問題の解を見つけなければならないときなど、私は一人で夜中坐ります。ひたすら坐っていると、フッと思いがけない答えが突如やってきます。

考えた結果ではなく、無になっているとハッとするというか、これまでの思考の延長線

ではなく、まるで考えもしなかった解が「やってくる」としか言いようのない経験を何度もしました。「えっ、なぁーんだ。そうだ、これだ！」といった感じです。

なんでこんなことがわからなかったのだろうと、おかしくなる瞬間もあります。また、さっきまで悩んだり、七転八倒していたことが、馬鹿馬鹿しくなってしまうこともあります。そうなると、もうすっきり、迷いや躊躇はなくなり、また完全燃焼です。一喜一憂しなくなり、切迫した状態になっても、右往左往しなくなります。

別に科学的根拠があるわけではないのですが、これも、あくまでも私の長年の経験からの実感であって、何かに完全燃焼するということは、百パーセントそれに集中するということですから、ほかの思考やいま、集中していること以外の要素がいっさい入ってこないということです。

いや、今、夢中になって完全燃焼しているそのことじたいさえも意識の外になる。「ただ、ひたすらに、ひたすらに」ということですから、没我の状態になるということです。

それは、禅でよく言われる「無我の境地」に似たもので、完全燃焼する生き方を続けていると、坐禅をするのと同じような効果が、知らぬ間に出てくるのだと思います。「無我」「空」に近い状態です。

自分を空っぽにしていると「父から助けのメッセージ」

「空」「空っぽ」になれば、そこに何でも入ってくる。これまであれこれ考えても解決できなかったのは、自分の頭の中に既成概念がいっぱい詰まっていて、ほかの発想や考え方が入る余地がなかったからではないかなと、あとになって思うことがよくあります。

また、自分を空っぽにしていれば、天からも、宇宙からも、そして亡くなった父からのメッセージも、無尽蔵にスイスイ入ってくるのだ、と。

どう考えたって、私が考えたとは思えないようなことが（とくに坐禅をしているときに多いのですが）、突然、スッと浮かんでくるとき、私はそれを「父からの助けのメッセージだ」と思うことにしています。私は、何度もあの世の父に助けられています。

というより、父はあの世にいるのではなく、私のなかにいるようにも思いますし、それは私の内なる声、潜在意識下の声なのかもしれませんし、そもそも前述した「海」のたとえから言えば、私と父の区別もないのかもしれません。私は両親のＤＮＡで形成されたのですから、いのちは繋がっているわけですし。

いろいろ述べましたが、言いたかったことは、次の二言です。

「いのちは永遠である」

「生きるとは、今、この一瞬にベストを尽くす、一瞬一瞬を完全燃焼すること」

それ以外ありません。

何に燃焼するか？　それは、自分の深く強い思いに、良き思いに、です。思いは必ず実現する、と信じて。

ここで書いてきたことは、基本的には仏教、ことに禅的な人生観、人間観であり、あくまでも下村満子の極めて個人的な人間形成過程と環境が培ってきたものであって、人に押しつけるつもりは毛頭ありません。

ただ、私はこうして生きてきた、ということです。別に、これが正しいと、科学が証明しているわけではありません。ただ、父はよく、物理学の量子論などの本を読みながら、「いずれ、禅の悟りの世界を、科学が証明する時代がくると思うよ。先端物理の本を読んでいると、びっくりするほど禅で言っていることと、科学の世界で言われていることが、近づいているからね」と言っていました。

科学がこころを証明する日が

本書に登場する村上和雄先生が、その著書『生命の暗号』のなかで「地球上に存在するあらゆる生き物は、同じ遺伝子暗号を使って生きている」「すべては一つの遺伝子からはじまった」というようなことを書いておられます。

まさに、「命の根源は一つ」「すべては繋がっている」ということと同じだと思います。また、人の遺伝子情報を解読していると、これだけ巧妙な生命の設計図をいったい誰がどのようにして書いたのか、不思議な気持ちになる。人間業をはるかに超えた奇蹟というしかなく、どうしても人間を超えた存在を想定しないわけにいかず、そういう存在を「サムシング・グレート」（偉大なる何ものか）と呼ぶことにした。「サムシング・グレート」とは、親の親、その親の親とさかのぼった果ての『生命（いのち）の親』のような存在である、とも書いておられます。これも、私流に言えば「すべての生命の根源」のことであり、「サムシング・グレート」を、人々は、神と呼んだり、仏と呼んだり、大宇宙の大法則と呼んだりしているのだと思います。

これを宗教家ではなく、最先端の遺伝子学者が、科学の研究をしてきた結果として主張しているところが、説得力のあるところです。

また、先端物理学の志村史夫静岡理工科大学教授は、量子論をとことん研究していくと、仏教の「色即是空空即是色」の世界に到達してしまうと言っています。その著書『親しむ量子論』にも「量子論や相対論は革命的だが、我々日本人（東洋人）が昔からなれ親しんできた東洋思想、特に仏教思想との間に少なからぬ類似性を見いだささせることは誠に興味深い」と書いています。また「原子物理学は、仏教やヒンドゥー教の、いにしえの智慧の正しさを例証し、純化する」という、オッペンハイマーの言葉も紹介しています。

ダライ・ラマ法王も、最近「科学と宗教の対話」に大変力を入れています。二年ほど前に来日した折には、両国国技館でのダライ・ラマ法王と日本のもっとも先端を行く科学者たちとの対話が実現し、何千人もの人が集まりました。本書の村上和雄先生やノーベル賞を受賞した、小柴昌俊先生も加わり、大変エキサイティングなやり取りが行われました。

二十一世紀は、非科学的とされていた宗教の説く世界や、神や仏、人間のこころや魂、命や死後の世界といったものを、科学が証明する世紀になるのではないかと、私は期待しています。もっとも、それを確認する前に、私はこの世からは消えているかもしれませんが。

深いレベルですべての存在は永遠の源とひとつ

最後に、エピソードを一つ。

この「いのちとは何か、生きるとは何か」のシンポジウム当日の朝、私はモデレーター兼パネリストを務めることになっていましたが、これだけの超一流の各界を代表するパネリストの発言を上手にさばけるだろうか、またせっかく来てくださる千三百人にも及ぶ来場者の方々に満足していただける充実した、有意義なシンポジウムにすることができるだろうかと、緊張していました。いつものように坐禅をし、こころを平静にし、仏壇に手を合わせ、それからあることをしました。

本書に登場する一人で、私の親しい友人でもある中森じゅあんさんの「エンジェル・カード」を取り出したのです。じゅあんさんが、エンジェル（天使）からもらったさまざまなメッセージを「天使からの愛と幸せの贈り物」と題して、五十二枚のトランプカードにしたものです。

何か問題や悩みや迷いが生じたとき、こころを平静にして、今自分が悩んでいることなどをこころに描き、その解決のヒントをくださいとこころで念じ、カードを引きます。それが貴方へのメッセージであり、答えのヒントになるというものです。

私は、よく、何か難しい問題（ことに仕事上の）に直面したとき、まず坐禅をし、それからカードを引きます。とても役に立つヒントをこれまでももらってきました。その朝も、「今日の大切なシンポジウムの主催者として、またモデレーター兼パネリストとして、これを充実したすばらしいものにするためのこころがけを教えていただきたい」とこころで念じ、カードを引きました。

引いたカードは、何と「永遠」でした。そして、こういう説明がついていました。「あなたは宇宙全体とつながっています。深いレベルですべての存在は永遠の源とひとつ。永遠の絆を大切にして生きましょう」

びっくりしました。ここで延々と書いてきたことを、私のこころの奥底を一言ですべて言い表した言葉ではないですか。なにか、スキッとし、安心した気持ちになりました。

おかげさまで、シンポジウムは大成功のうちに終わりました。本書の一人ひとりの講演と発言を読んでいただければおわかりいただけるように、講演者やパネリストの方々のお話は、お一人お一人、大変真摯で深い内容で、それぞれ分野は違う方々であるにもかかわらず、結果的に、皆様の話は同じ方向に収斂《しゅうれん》していったのです。入った入口はそれぞれ違ったのですが、中に入ってみたら、みな同じ部屋にいた、ということでしょうか。

パネリストたちに、最後の締めくくりの一言を順繰りに言っていただくようお願いし、皆さんが一言ずつ今日のまとめや締めの言葉、あるいはメッセージを発言されている短い間、「はて、私は最後を何で締めくくろうか」と考えました。最後となると、言いたいことはほとんどほかの方々に言われてしまっています。

そのとき、突然、今朝引いたエンジェル・カードを思い出しました。「そうだ。この天使のメッセージを、皆様に披露しよう」そう思って、カードを読み上げました。

会場から、微かなどよめきが起こり、なかには、涙を流している方もいました。パネリストの方のなかからも、「すごい、今日の締めにぴったりの言葉ですね。信じられない」と驚きの声があがりました。

会場と壇上は、これでほんとうに一体となり、完全に一つの大きな「こころの輪」ができ、一つに繋がっていき、不思議な喜びと感動のハーモニーが会場いっぱいに広がっていきました。

終章

天が実体験で悟らせた「いのちとは何か、生きるとは何か」

左目を失明、ほとんど引きこもり状態に

実は、本書の最初の出版から今日までに、私の身の上にも大きな変化がありました。出版から一年半後、私は突然、左目が見えなくなりました。日本で有数の眼科医に診ていただき、三度手術され、するたびに悪くなり、三度目で失明してしまいました。

右目が見えるのだからいいじゃないかという人が多いのですが、これは経験してみないとわからないこと。左が見えず右が見える状態では、歩く場合でも段差がわからず、平衡感覚が失われ、くらくら目まいがして、大変神経を使い、心身ともに疲労困憊し、体力、気力、集中力全て失われ、心理的にも参ってしまい、仕事はほとんどできなくなります。いわば障害者です。

その上、ジャーナリストという活字と切り離せない生活をするものにとって、目は命に等しく、「読めず、書けず」といった状態なら、生きていてもしょうがない、死にたいとまで思いつめました。

そんなわけで、十三年続けた財団と医療法人の理事長もやめ、打ちのめされ、落ち込み、

ほとんど引きこもり状態になってしまいました。

でも、そこは腐ってもジャーナリスト。負のスパイラルに陥っていく自分を、客観的に見ているジャーナリストの自分が、「これは健全ではない」とわかっているのです。

ところで、私は小学校の頃から坐禅をしていることを書きました。禅は私の人生の土台石みたいなもので、禅のお陰で、この殺伐たる混迷の時代にジャーナリストとしても、経営者としても、人間としても、右往左往せず、何とか価値判断を大きく誤らずに生きてこられたと思っていました。

その私が、片目を失明したくらいで死にたいと思うとは、何と情けない、何のために坐禅をしてきたのか、そう思いました。

「スローダウンせよ」というメッセージ

失明の原因は、アスベストの粉塵が目に入って視神経を侵した、ということが後になって、特殊な検査でわかったのですが、時すでに遅し、その前に誤診され、誤った治療と手術をされたというわけです。医者を恨んでも仕方がないと思いました。

「死」を考える自分を、なぜ？　と分析してみて、はたと思ったのは、ここ数年、あまりに忙しく、坐禅の時間が短くなっていた、ということでした。一日一時間、少なくとも三十分は坐るべきなのに、忙しさに紛れ、ついつい十分になったり二十分になったり、時にはできない日もあり、いけない、いけない、と気にしながら、バタバタと毎日を過ごしてきました。

忙しく飛び回っていると、時間に追われ、ストレスがたまり、心が波立ち、いらいらし、ということになりがちだから、忙しい人ほど「静」の時間を持たなければ、心とからだのバランスを崩す。

坐禅でも、瞑想でも、祈りでも、また、いい音楽を聴いたり、古典を読んだり、宗教書を読んだり、お経を上げたり、何でもいいから毎日心を静かにする時間をと、人には言ってきたのに、そういう自分が心とからだのバランスを崩したのです。

考えてみれば、むちゃくちゃやってきました。睡眠平均三時間、理事長のほかにジャーナリスト活動、徹夜で原稿を書いて翌日一睡もせず会議に出席、海外出張、国内出張、役職も三十近くありました。

これまで病気らしい病気をしなかったので、年々トシは取っているのに「自分は大丈夫」「このくらいはできる」という、おごりがありました。

失明は、そういう私に対する、「スローダウンせよ！」という天からのメッセージ、警告だ、そう思えるようになったのです。で、即刻、理事長職を辞しました。それから、毎日一時間は坐ろう、と決めました。どんなことがあってもこれを最優先することにしました。

「忙しくて、できない」「時間がない」というのは、結局、自分に対する言い訳に過ぎなかったのです。一日二十四時間を、何にどう振り分けるか、その優先順位は、結局自分が決めているのです。

エネルギーを入れて、死んだはずの視力が再生

坐禅をする時間が取れないということは、ほかの事を優先していたということです。毎日何があっても坐禅を最優先するよう決め、実行し始めてから、数カ月もたたないうちに、不思議なことに、死にたいという気持ちはなくなり、心は安定し、「負」のスパイラルにどんどん落ち込んでいった自分の心が、逆回転を始めました。失明という形で警告を下さった「天」「神」「仏」、どう呼ぶかは自由ですが、とにかく、「サムシング・グレート」（偉大なる何ものか）に、深い感謝の気持ちが沸き起こってくるようになりました。

そんなある日、父の禅のお弟子さんで、いまや世界的なアーティストになっている方が、「お目を悪くされたと伝え聞き、びっくりしてうかがいました」と訪ねてみえました。「最新の西洋医学的治療でこういう結果になり、現代医学の無力さを感じた」と話すと、「是非会っていただきたい方がいる。この方は本物です」と言って、ある方を紹介してくださったのです。

西洋医学ではなく、よく言われる「代替医療」で、西洋医学に見放された方々を救って

いる方だということでした。

その方にお会いし、エネルギーを入れていただいているうちに、一カ月目くらいから、少しずつ目が見えるようになってきました。八カ月ほどで、一度死んだはずの視力が再生し、今では以前とほとんど変わらない状態までになりました。

信じられない気持ちでしたが、これは事実です。検査に病院にいくと、視力も視野も眼圧も、完全に良くなっており、医者は「ありえないこと」「あの失明は何だったのでしょう？」「検査ミスだったのでは？」などと言います。

こういうことを書くと、下村さんは少しおかしくなったのでは、と思われるので躊躇しましたが、少なくとも、これは私の経験した事実なのです。

その方は、最初に会ったときから、「下村さん、お目が見えないということですが、見えないはずがありません」と言うのです。

「この人は何を言っているのだろう」と、ちょっとむかつき、「ほんとに見えないんです！」と私は声を張り上げました。

これこそまさに無償の愛

良くなってからもその方は「私は下村さんの目を治そうと思ったことは一度もありません。ご自身でお治しになったのですよ。私はお手伝いをしただけ」と言う。

ここで私が言いたいことは、病気は心が作るもの、自分から発するものだ、ということです。だから治したければ、自分の心を健康にするしかないのです。

バタバタ、せかせか、イライラといった生活は、人の心から平安とうるおいを奪い、ストレスを増します。怒り、憎しみ、嫉妬、権力欲、金銭欲、名誉欲、利己心、闘争心、敵対心、不安、不満、孤独、不信感、劣等感、そういったネガティブな心は、人間の心とからだのバランスを崩す原因となり、人間が本来持っている気力、免疫力、自然治癒力、ひいては生命力を弱めます。

もちろん、病気の直接のきっかけはいろいろあると思います。私の場合は、直接的にはアスベストでした。

でも、この方は最初から、「アスベストかもしれませんが、もし、その時の下村さんの免疫力が高かったら、たとえ目に入っても、跳ね返していたでしょう」と言いました。

確かに、同じものを食べても中毒になる人とそうでない人がいます。インフルエンザの人と接しても、インフルエンザにかかる人とそうでない人がいます。ガンも、ストレスが大きな原因だというのは、最近では常識になっています。

ちなみに、この女性は敬虔なクリスチャンで、「愛は、医療の最大の原動力。愛は命の原動力。愛はすべての原動力」と言い続けている方です。仏教で言えば、利他心、慈悲心、だと思います。決して超能力などではありません。

この女性は、これまでに何千人という「西洋医学に見放され、絶望状態にある方々」を救うことに生涯をかけています。もちろん、すべてボランティアで、一銭の報酬も受け取らずに。

まさに「無償の愛」とは、このことだと思います。これにも感動しました。（ただし、あまりに多くの方が押しかけ、この方自身が殺されそうになっており、申し訳ありませんがこれ以上の負担は忍びなく、ご紹介の労はとれません。ご縁が結ばれる方は、自然に出会われると思います）。

苦しんでいる方々にボランティアでお役に立てる喜び

失明という衝撃的な経験を通して、私が学んだことは計り知れません。本書の中で私が書いたさまざまなこと、禅の修行を通してわかっているつもりだったこと、「いのちとは何か、生きるとは何か」、それを更に深く実体験したのです。「天」は私にそれを悟らせるために、目を見えなくしたのではと、今では確信しています。しかも、悟ったら、元に戻してくださったのです。

もう一つは、この素晴らしい女性との「出会い」です。父の禅のお弟子さんのご縁で出会ったので、父があの世からそのような計らいをしたのでは、ということも強く感じます。もし、失明することがなかったら、私はこの方と出会わなかったでしょうし、こうした奇跡とも思える経験もしなかったでしょう。

更に、私はいま、この女性と、いわば同志のような関係になり、西洋医学の力ではどうにもならない難病、西洋医学に見放された深刻な病い、あるいは精神的な病いなどに苦しむたくさんの方々を、微細エネルギーによる代替医療でケアするボランティアをしています。

これは、私をよみがえらせてくださった、私を生まれ変わらせてくださった、そして私に、「いのちとは何か」「生きるとは何か」についてより深い気づきの機会をくださった、「神」というか「天」というか、「サムシング・グレート」、別の言葉でいえば、大宇宙の意志への、ささやかなお返しだと思っています。というより、死のうとまで思いつめた私が、今では、苦しんでいる方々の多少なりともお役に立てる力をいただいたことは、この上ない喜びであり、幸せであり、ただただ感謝感謝の毎日です。

そんなわけで、本書の元となった前書『ありがとう、おかげさま』を出版してから今日までに、私の身の上に思いもかけないことが起こり、本書のテーマである「いのちとは、生きるとは」について、以前よりはるかに深く思い、体験したことが、本書の中身を一層深めることができたような気がします。

そういう意味でも、本書の再出版は、私にとっては大変重い意味を持ちます。

現代人の多くは、子供のときから、暴力、セックス、殺人といった殺伐たるテレビや映画やゲーム、騒音に近い音楽、携帯電話やメールを使ったバーチャルなコミュニケーション、「動」「騒」「走」「争」「乱」「不安」「不満」「孤独」「怒り」「嫉妬」「嫌悪」といった、「愛」とか「利他」とか「感謝」とかとは対極にある、心の平安を乱す環境で生活しています。

読書もしなくなりました。そんなストレスの高い生活をしているから、免疫力、自己治癒力が弱まり、ガンや難病、鬱や拒食症になったり、切れて人を殺したり、貧しかった時代よりかえって不幸になっています。

本書が、悩める現代人にとって、「自分の心と向き合う」きっかけになれば、大変幸せです。

下村　満子

いのちとは何か 生きるとは何か

編著者 下村満子
発行者 真船美保子
発行所 KKロングセラーズ
東京都新宿区高田馬場2-1-2 〒169-0075
電話 (03) 3204-5161(代) 振替00120-7-145737
http://www.kklong.co.jp
印 刷 太陽印刷工業(株) 製 本 (株)難波製本
落丁・乱丁はお取り替えいたします。※定価と発行日はカバーに表示してあります。
ISBN978-4-8454-2174-9 C0070 Printed in Japan 2010